Hanneke van Veen / Rob van Eeden

Wie werde ich ein echter GEIZHALS?

Lieber Leser/liebe Leserin,

die Beiträge in diesem Buch sind nur zum Teil das Resultat eigener Erfahrung. Für viele Ideen, die darin verarbeitet sind, schulden wir den vielen Menschen Dank, die uns nach dem Lesen der *Vrekkenkrant* ihre Erfahrungen mitgeteilt haben. Für die Cartoons (und auch für die Texte) haben wir die männliche Form gewählt. Das ist kein Zufall, denn Reaktionen auf die *Vrekkenkrant* (unsere „Geizhals-Zeitung") zeigen deutlich, daß Frauen viel sparsamer, haushälterischer und kreativer sind als Männer. Darum haben wir uns für Sie, meine Herren, entschieden. So wollen wir es Ihnen ermöglichen, sich besser mit einem Verhalten zu identifizieren, das Sie vielleicht noch kaum kennen, das jedoch in den kommenden Jahren immer wichtiger werden wird.

Zum Schluß noch eine Warnung: Lassen Sie sich nicht zu sparsamem Verhalten verführen, wenn Sie nicht wirklich dahinterstehen. Das führt – bestenfalls – zu Verärgerung, und das ist nicht unsere Absicht. Lachen Sie statt dessen lieber von Herzen! Das wünschen Ihnen

Hanneke van Veen und Rob van Eeden.

Hanneke van Veen / Rob van Eeden

Wie werde ich ein echter ein echter GEIZHALS?

So knausern Sie sich reich!

Die Deutsche Bibliothek – CIP-Einheitsaufnahme

Veen, Hanneke van:
Wie werde ich ein echter Geizhals? : So knausern Sie sich
reich! / Hanneke van Veen/Rob van Eeden. Aus dem Holländ.
übertragen von Gabriele de Koning. 7. Auflage –
Landsberg am Lech : mvg-verl., 1999
   (mvg-Paperback ; 08514)
   Einheitssacht.: Hoe word ik een echte vrek? <dt.>
   ISBN 3-478-08514-4

7. Auflage 1999

Das Papier dieses Taschenbuchs wird möglichst umweltschonend
hergestellt und enthält keine optischen Aufheller.

Titel der Originalausgabe: „Hoe word ik een echte vrek?"

© 1993 Aramith Publishers, a division of Uitgeverij J.H. Gottmer/
H.J.W. Becht bv. Bloemendahl, The Netherlands
Aus dem Holländischen übertragen von Gabriele de Koning.

© mvg-verlag im verlag moderne industrie AG, Landsberg am Lech
   Internet: http://www.mvg-verlag.de

Umschlaggestaltung: Vierthaler & Braun, München
Illustrationen: Wesley, Delft, Niederlande
Satz: Fotosatz Buck, Kumhausen
Druck- und Bindearbeiten: Presse-Druck, Augsburg
Printed in Germany 080514/1099802
ISBN 3-478-08514-4

Inhaltsverzeichnis

Vorwort:
Die Abenteuer eines geizigen Ehepaares

Damals, im November 1991, als Hanneke einen Rundbrief zum Thema „weniger konsumieren" an ihre Familie schrieb, hatten wir nicht die geringste Ahnung, was uns bevorstand. Unsere Kinder sind seit Jahren aus dem Haus, wir hatten beide Teilzeitstellen und ein angenehmes, ruhiges Leben. Mit ihrem Brief wollte Hanneke dazu anregen, einmal darüber nachzudenken, ob wir alles, was wir so gebrauchen, auch tatsächlich „brauchen". Hannekes Ton war witzig, nicht ermahnend, und das kam an. Mit den Reaktionen auf diesen Rundbrief wollten wir eigentlich den nächsten Brief zusammenstellen, aber etwas kam dazwischen.

Im Februar nämlich lasen wir einen Artikel von Freke Vuijst in *Vrij Nederland,* einer der größten niederländischen Wochenzeitschriften, in dem unter der Überschrift „Geiz als Leidenschaft" über eine recht erfolgreiche amerikanische Zeitschrift berichtet wurde. Es handelte sich um *The Tightwad Gazette*, die im Juni 1990 das Licht der Welt erblickte und nach anderthalb Jahren bereits mehr als achtzigtausend Abonnenten hatte. Nach Ansicht von Amy Dacyczyn, der Herausgeberin, ist Geiz „ein realisierbarer alternativer Lebensstil". Immer mehr Amerikaner drehen jeden Groschen um. Geiz ist „in". „Jahrelang haben wir das Geld zum Fenster hinausgeworfen, und das ist die Reaktion darauf", so glaubt Amy.

Hanneke war von diesem Artikel sofort begeistert, und ihre Begeisterung übertrug sich nach einigen Tagen auch auf mich. Wir forderten alle Nummern der *Tightwad Gazette* an und fanden große Übereinstimmung mit unseren eigenen Ideen. Hanneke fand viele Anknüpfungspunkte mit ihrer früheren Arbeit bei „Kleine Aarde", einem Bio-Bauernhof, und ihrer Tätigkeit als Psychotherapeutin. Was hat es für einen Sinn, Menschen zu geistigem Wohlbefinden zu verhelfen, wenn das körperliche Wohlergehen durch Umweltkatastrophen bedroht ist? Körper und Geist gehören zusammen. Bei dem Umwelt-Ingenieurbüro, bei dem ich arbeitete, war meine Idee, ein einfacheres Leben zu führen, auf Unverständnis gestoßen, aber trotzdem wurde ich das Gefühl nicht los, daß ich etwas unternehmen mußte.

Wir beschlossen, ebenfalls eine Zeitung herauszugeben – zunächst einmal für ein Jahr. Aber welchen Titel sollte sie tragen? Wir erwogen und verwarfen verschiedene Namen und entschieden uns schließlich nach langem Nachdenken für *Vrekkenkrant,* die „Zeitung für Geizhälse". Der Name vereinigt Selbstironie mit einer deutlichen Reaktion auf die negative Haltung, die Sparsamen entgegengebracht wird – nämlich Spott –, und garantiert Aufmerksamkeit. Wir dachten an sechs Nummern mit je sechs Din-A4-Seiten (gerade unter 20 Gramm, wegen des Portos). Zu kompliziert sollte das Ganze nicht werden. Wir fanden es aufregend, etwas Ausgefallenes zu beginnen, etwas, das unvorhersehbare Reaktionen hervorrufen würde. Falls die Idee in den Niederlanden genauso gut ankommen würde wie in den Vereinigten Staaten, konnten wir mit einigen tausend Abonnenten rechnen, aber eigentlich erwarteten wir das nicht.

Die Arbeit an der ersten Ausgabe machte uns großen Spaß, vor allem, als einige Freunde die Zeitung abonnierten, bevor die erste Nummer überhaupt fertig war. Hanneke schrieb den Leitartikel zum Thema „Sparen macht Spaß", und auf Seite 3 erschien eine nicht ganz ernst gemeinte Berechnung von mir über den Betrag, den wir in den folgenden 40 Jahren dadurch sparen würden, daß wir statt Teebeuteln ein Tee-Ei benutzten: rund DM 1.000. Die restlichen Seiten füllten wir mit den Reaktionen von Familienmitgliedern auf Hannekes Rundbrief und mit verschiedenen kurzen Artikeln über eigene Erfahrungen. An meinem alten MSX-Computer wurde ich zum Desktop Publisher, und der Kopierladen um die Ecke druckte 250 Exemplare, die wir an Familie, Freunde und Bekannte versandten.

Zu unserer größten Überraschung fand die Zeitung sofort mehr als 50 Abonnenten. Der erste Artikel über unsere Zeitung war allerdings vernichtend. Marcel Hulspas schrieb in dem Wochenmagazin *Intermediair* am 22. Mai 1992: „Das Blättchen ist – wie könnte es anders sein – armselig und der Inhalt erbärmlich." Seiner Meinung nach ist der Konsument unbelehrbar. Wegwerfen ist eine konstante Versuchung, Abfall bedeutet Reichtum, und wer möchte nicht reich sein? Vielleicht konnten Amerikaner auf diesem Gebiet noch etwas lernen, aber nicht die Niederländer. „Ökomasochisten, die fortwährend über neue Einsparungsmöglichkeiten nachdenken, wären gut beraten, wenn sie ihre eigene Existenz verkürzen würden, das wäre optimale Einsparung", so schrieb Hulspas. Diese harte Kritik brachte mich ganz schön aus der Fassung, und ich hätte am liebsten schon wieder aufgegeben, aber Hanneke sah das Positive daran. Daß sich jemand über unsere Zeitung so aufregen konnte, zeigte, daß wir einen empfindlichen Nerv getroffen hatten und auf mehr Reaktionen hoffen konnten.

Als die zweite Ausgabe Anfang Juli 1992 erschien, beschlossen wir, die ersten beiden Ausgaben einer uns bekannten Journalistin beim *Haagsche Courant* (einer Den Haager Lokalzeitung) zu schicken. Sie rief sofort an, um einen Termin zu vereinbaren, und stand am nächsten Tag mit einem Fotografen vor der Tür. Sie schrieb einen halbseitigen Artikel unter der Überschrift „Überzeugte Geizhälse predigen gegen Überfluß". Von diesem Augenblick an brauchten wir uns nicht mehr an die Presse zu wenden. Eine Woche später brachte *De Telegraaf*, die größte niederländische Tageszeitung mit einer Auflage von mehr als 700.000 Exemplaren, einen langen, sehr positiven Artikel, in dem wir als „Geizkragen-Ehepaar" geschildert wurden. Diesen Titel werden wir seitdem nicht mehr los. Ein Radiokommentar zu dem Artikel, den wir an einem Samstagmorgen im Bett hörten, war allerdings wieder vernichtend. „Erbärmliches Getue", so hieß es. Wir wurden als Sauertöpfe und Griesgrame geschildert, aus deren Idee nicht viel werden konnte.

Am Sonntagabend schlossen wir eine Wette über die Anzahl der Reaktionen ab, die wir auf den Artikel im *Telegraaf* bekommen würden. Hanneke dachte an 100 bis 200 und ich an ungefähr 50.

Als ich montags von der Arbeit nach Hause kam, lagen 350 Briefe, Karten und Päckchen mit Geschenken auf der Fußmatte.

Am nächsten Tag waren es 500, und so ging es in den darauffolgenden Wochen weiter. Bis spät in die Nacht waren wir damit beschäftigt, die Post durchzusehen und Tausende von Probenummern zu verschicken. Wir schafften es kaum, denn auch Presse, Radio und

Fernsehen hatten uns nun entdeckt, und wir wurden um Interviews und Fotos in allen erdenklichen „geizigen Haltungen" gebeten.

Beim Lesen der vielen und oft sehr langen Briefe beschlich uns ein Gefühl des (Wieder-) Erkennens. Arbeitslosengeld- und Sozialhilfeempfänger, aber auch Menschen aus Villenvierteln schrieben uns; Leute, die sparen müssen, und Leute, die es „zum Spaß" tun oder für die Umwelt. Es reagierten mehr Frauen als Männer, und es waren Frauen, die uns die meisten Tips zusandten. Später stellte sich dann heraus, daß Männer die Zeitung oft heimlich lesen. Viele ältere Menschen, die uns schrieben, freuten sich darüber, daß wieder an Dinge gedacht wurde, die früher selbstverständlich waren. Hanneke begann mutig mit dem Ordnen der unzähligen Tips, die in ihrer Menge mehr als genug Stoff für eine ganze „Geizhalsenzyklopädie" hergeben.

Im darauffolgenden halben Jahr folgten mehr als hundert Artikel in Zeitungen und Zeitschriften, u.a. in einer der renommiertesten Tageszeitungen des Landes, dem *NRC-Handelsblad,* in Stadtteilzeitungen, Personalzeitschriften und sogar im Leib-und-Magenblatt der Sadomasochisten. Wir traten in sechs Fernsehprogrammen auf und in Dutzenden von Radioprogrammen. Bei so viel kostenloser Werbung sind 15.000 angefragte Probenummern und 2.500 Abonnenten als Resultat eigentlich nicht viel. Es stimmt, Sparsamkeit ist ein Tabu. Das merken wir vor allem bei Fernsehshows, wenn die Zuschauer in verlegenes Gelächter ausbrechen, aber auch dadurch, daß nur wenige Menschen in der Öffentlichkeit zugeben wollen, daß sie mehr oder weniger sparsam leben. Das belgische Fernsehprogramm *Zeker weten* (was in etwa „Ja klar" bedeutet) rief in der Woche vor unserem Auftritt die Zuschauer dazu auf, Tips einzusenden, woraufhin stapelweise Briefe eingingen.

Als die Einsender der besten Tips telefonisch eingeladen wurden, ihren Tip in der Sendung selbst zu erläutern, war allerdings niemand dazu bereit. Für die Redakteure war dies eine ganz neue Erfahrung, denn normalerweise will jeder gerne im Fernsehen auftreten. Wir wissen inzwischen, daß das nicht immer zutrifft. Es gibt Abonnenten, die ihre Zeitung in einem neutralen Umschlag geschickt haben möchten, und dieses Büchlein hier verkauft sich – getarnt als Geschenk – in der Buchhandlung besser als unsere Zeitung, bei deren Bestellung der Abonnent Name und Adresse „preisgeben" muß.

Immer wieder sind Journalisten enttäuscht, wenn sie unsere Wohnung betreten. Sie erwarten ein kärglich aussehendes, in Lumpen gehülltes Paar, das auf Apfelsinenkisten sitzt und Brotkrümel für den Yoghurt zusammenkratzt. Dann sind die gefundenen Gispen-Stühle und die selbstgemachte bequeme Couch eher enttäuschend, genauso wie die Einrichtung des Geizhalsbüros mit Computern und anderen handlichen Hilfsmitteln. Die Damen und Herren Journalisten würden uns am liebsten vor der Wäscheleine mit benutzten und zum Trocknen aufgehängten Teebeuteln fotografieren. Seit es uns als Geizkragen-Ehepaar gibt, schreibt man uns alles zu, was zu diesem Thema in der Zeitung steht. Auf jeden Fall das Trocknen von benutzten Teebeuteln an der Wäscheleine, was ich einmal bei Bekannten in Amsterdam gesehen habe. Der Fotograf der Illustrierten *Panorama* wollte uns dazu überreden, Pizza aus dem Abfalleimer im Hof des Parlamentsgebäudes in Den Haag – of all places – zu essen. Er hatte bereits in einer Pizzeria einen leeren Karton geholt; den konnte er gleich wieder mitnehmen. Als ein Journalist der Fernsehstation *NCRV* anrief, um mit uns ein „sensationelles" Programm zu verabreden, haben wir ihm sofort alle Illusionen geraubt. Wir sind ganz normal, bei uns gibt es nichts Verrücktes zu filmen.

Aber natürlich hat die *Vrekkenkrant* bei uns vieles verändert. Hanneke ist – soweit ich weiß – schon ihr ganzes Leben lang recht sparsam gewesen; sie kommt mit wenig Geld aus und kann sogar noch etwas auf die hohe Kante legen. Mir blieb von meinem höheren Einkommen immer ein Stück weniger, jedenfalls bis vor kurzem. In den letzten sieben Jahren habe ich ziemlich gut verdient. Aber mir wurde immer klarer, daß ich trotz des Geldes nicht glücklicher war als vorher, als ich mit meiner eigenen Handweberei nicht einmal den Mindestlohn verdiente. Gespräche an meinem Arbeitsplatz über die Umwelt und die Dritte Welt machten mir stets deutlicher bewußt, daß wir im reichen Westen viel zuviel konsumieren. Der durchschnittliche Europäer verbraucht etwa 10 mal soviel Energie wie die Bewohner einiger Länder in der Dritten Welt. Dort haben die Leute zwar normalerweise mehr Kinder, aber wenn eine Familie mit acht Kindern genausoviel Energie verbraucht wie ich alleine, dann habe ich nicht das Recht, diese Menschen zu kritisieren.

Leider streben viele Menschen in den Entwicklungsländern nach dem Reichtum der westlichen Welt, ob es uns paßt oder nicht. Es läßt sich einfach ausrechnen, daß die vorhandenen Rohstoffe und die Geduld von Mutter Natur das nicht zulassen werden. Deshalb muß sich etwas ändern. Auf das Bevölkerungswachstum in der Dritten Welt habe ich keinen Einfluß. Aber ich kann meinen Beitrag dazu leisten, daß wir in den Industrieländern weniger konsumieren.

Mit der *Vrekkenkrant* haben wir nun die Möglichkeit, auf persönliche Art und Weise deutlich zu machen, daß einfaches Leben möglich ist, ohne das Gefühl von Luxus und Komfort aufzugeben. Wir haben auch die Möglichkeit, anders über die Dritte Welt und die Umwelt zu reden. Nicht mit erhobenem Zeigefinger, nicht tiefgründig und nicht, indem wir Schuldgefühl erzeugen, sondern mit Gefühl, Humor und Selbstironie. Der Ehrlichkeit halber muß ich zugeben, daß „weniger konsumieren" für mich erst wirklich attraktiv wurde, als Hanneke mir bewies, daß ich nicht nur ein paar, sondern Hunderte von Gulden sparen konnte.

Seit wir die Zeitung herausgeben, achten wir natürlich bewußter auf unsere Ausgaben als der durchschnittlich Sparsame, und die Resultate sind aufsehenerregend. Man kann wohnen, essen, ausgehen, Urlaub machen, Kleider kaufen und reisen, mit anderen Worten: leben, mit viel weniger Geld, als man glaubt.

Dies gilt für die meisten von uns. Wir bekommen aber auch viel Post von Menschen, die aufgrund von Arbeitslosigkeit oder Krankheit unfreiwillig wenig Geld zur Verfügung haben und uns zeigen, daß man in solchen Situationen auch kreativ sein kann. Und ein Blatt, in dem zur Abwechslung nicht darüber geschrieben wird, wie man Geld ausgibt, ist etwas absolut Neues. Plötzlich scheinen viele Menschen zu der Einsicht zu gelangen, daß man mit weniger auskommen kann, ohne sich minderwertig zu fühlen. Viele Menschen schreiben uns nach dem Erscheinen jeder Ausgabe unserer Zeitung lange Briefe mit ihren Ideen, auf die wir sie gebracht haben. Da gibt es zum Beispiel jemanden, der sich „vergnügter Geizhals" nennt, einen Mann von 61 Jahren, der die Ideen aus unserer Zeitung mit viel Begeisterung umsetzt und uns Dutzende eigener Ideen zuschickt.

Außerdem hat sich eine Gruppe Freiwilliger gebildet, die uns viel Arbeit mit der Herstellung und Verbreitung der Zeitung abnimmt.

Im August 1992 bat uns die belgische Radiostation *Donna*, täglich eine Kolumne über den typisch holländischen Geiz zu schreiben, eine Eigenschaft, die die Belgier ausgesprochen witzig finden. Unser belgischer Entdecker, Louis van Dievel, sprach die Texte fast drei Monate lang täglich ein, mit „Money" von Pink Floyd als Hintergrundmusik. Die Serie hieß „Geizig sein ist gesund, eine Serie für bewußt knauserige Menschen". Auch darauf bekamen wir viele positive Reaktionen, obwohl es in Belgien ein absolutes Tabu ist, sich zu Sparsamkeit zu bekennen.

Nach und nach reifte die Idee, diese Texte in Buchform zu publizieren. Einen Verlag würden wir finden, dessen waren wir sicher, denn wir erregten ja genug Aufsehen. Aber die Verleger, mit denen wir Kontakt aufnahmen, wiesen das Manuskript unumwunden ab. Einer von ihnen teilte uns in einem höflichen Brief mit, daß sich der Trubel, den unsere Zeitung und unsere Ideen verursachten, in den etwa drei bis fünf Monaten, in denen das Buch produziert würde, legen werde. Allerdings hatte er vergessen, einen gelben Haftzettel vom Manuskript zu entfernen, auf dem stand: „Unheimlich, diese Leute sind die Karikatur einer Karikatur."

Nachdem es uns in dem kurzentschlossen von uns gegründeten Verlag „Sparsamkeit mit Fleiß" gelang, das Buch innerhalb von drei Wochen auf den Markt zu bringen, konnten wir es uns nicht verkneifen, dem Verleger das Buch mit seinem Haftzettel zuzusenden.

Innerhalb von vier Monaten war die erste Auflage von 5.000 Exemplaren ausverkauft, und das trotz eines äußerst sparsamen Reklamebudgets. Daß sich aber schließlich doch noch ein Verleger fand, sehen Sie daran, daß Sie unser Buch nun in Händen halten.

März 1993   *Rob van Eeden*

Vorwort zur deutschen Ausgabe

Ungebrochen wächst das Interesse am Phänomen „Geizhalstum" noch immer. Die *Vrekkenkrant* hat inzwischen eine Auflage von 5.000 Exemplaren, und wir haben in Holland ein zweites Buch mit dem Titel „Meer doen met minder" („Mehr tun mit weniger") veröffentlicht. Rund 200 Journalisten haben uns inzwischen besucht. Die „frohe Botschaft" macht auch nicht vor Landesgrenzen halt. Trotzdem ist es noch immer ein seltsames Gefühl, wenn wir Zeitungsausschnitte aus Kanada oder Indien erhalten, in denen z.B. ausführlich beschrieben wird, wie ich eine Zahnpastatube aufschneide, um das letzte Restchen herauszuholen, wenn's nicht mehr anders geht. Oder einen Artikel aus Dänemark mit unverständlichem Text (unser Dänisch ist noch nie berühmt gewesen) und der Karikatur eines Geizhalses im Wohnmantel (eine Art Schlafsack, aus dem die Füße herausschauen und mit dem man Heizkosten sparen kann).

Und nun sind wir also auch in Deutschland bekannt. Lange Artikel in Zeitungen und Frauenzeitschriften, Radio- und Fernsehinterviews beschäftigen sich mit uns. Das Interesse hat, so sagen Insider, u.a. mit dem Solidaritätszuschlag zu tun, der für die meisten Deutschen eine beträchtliche Kaufkraftminderung zur Folge hat. Aber abgesehen davon sehen auch viele ein, daß „immer mehr" längst nicht zwangsläufig zu mehr Zufriedenheit und Glück führt, weniger jedoch manchmal schon.

Wir geben nicht nur die *Vrekkenkrant* heraus, sondern veranstalten auch Kurse unter dem Motto „Geld oder Leben", für jeden, der mehr Kontrolle über seine finanzielle Situation erlangen möchte. Sparsam zu leben ist dabei ein wichtiger Bestandteil, und es ist für viele Menschen ein angenehmer, alternativer Lebensstil. In unserem persönlichen Leben wirft er noch immer seine Früchte ab. Wenn wir so weitermachen – und das haben wir vor –, können wir in wenigen Jahren aufhören zu arbeiten.

Die Zeit für eine deutsche Geizhalszeitung ist gekommen. Wir sind davon überzeugt, daß eine solche Initiative auch in Deutschland erfolgreich wäre. Hoffentlich gibt dieses Büchlein einen Anstoß dazu. Aber warten Sie nicht zu lange, sonst hat ein anderer die Marktlücke entdeckt!

Juni 1995   *Hanneke van Veen*

Eine Ansichtskarte auf Weltreise

Zu Weihnachten und Neujahr, zu Geburtstagen und anderen Festtagen werden jährlich Millionen von Karten versandt. Karten zu bekommen, macht Spaß, Karten zu kaufen, nicht. Es ist auch ein teurer Zeitvertreib, denn der Preis für eine Karte kann einige Pfennige, aber auch mehrere Mark betragen. Und wie viele Karten werden nicht jedes Jahr verschickt? Schlaue Geizhälse haben sich dazu etwas ausgedacht.

Ab heute brauchen Sie nie mehr eine Karte zu kaufen. Bewahren Sie alle Karten, die Sie bekommen auf. Werfen Sie sie nicht mehr in den Papierkorb! Von den doppelt gefalteten Glückwunschkarten mit Umschlag benutzen Sie die unbeschriftete Seite, aber diesmal als Ansichtskarte oder als Postkarte, indem Sie die Karte sorgfältig in der Mitte abtrennen.

Auf die Rückseite beschriebener Ansichtskarten kleben Sie einfach Etiketten, die zu diesem Zweck im Buchhandel oder bei Umweltschutzorganisationen erhältlich sind. Die Etiketten kleben Sie über Text und Briefmarke. Noch billiger ist es, einfach ein Stück Papier darüberzukleben, und die Ansichtskarte ist so gut wie neu.

Großen Effekt erzielen Sie, wenn Sie die Karte, die Ihnen jemand von einem idyllischen Ferienort geschickt hat, an den Absender zurückschicken. Er oder sie hat ganz bestimmte Erinnerungen an diesen Ort und hat die Karte bewußt ausgesucht. Auf diese Art und Wei-

se ist schon manche zurückgesandte Karte in einem Fotoalbum zwischen den Urlaubsschnappschüssen gelandet. Andere Karten machen regelrechte Weltreisen und kommen nach einer Reihe von Jahren vielleicht zu Ihnen zurück.

Die eigene Paniermehlfabrik

Pro Person werden jährlich durchschnittlich ca. fünf Kilo Brot weggeworfen, d.h. etwa sieben ganze Brote von jeweils 800 g. In den Niederlanden alleine gut hundert Millionen Brote jährlich. Das ist schlecht für die Umwelt und schade ums Geld, denn ein Brot kostet bei uns durchschnittlich DM 2,–. Alle zusammen werfen wir somit zweihundert Millionen Mark weg. Ein echter Geizhals beteiligt sich daran natürlich nicht. Er hat eine bessere Verwendung für sein Geld. Er zaubert von alten Butterbroten und Brötchen die herrlichsten Brotaufläufe, Toasts und Pizzen oder bereitet Arme Ritter zu. Außerdem benutzt er eifrig seinen Brotröster, der altbackene Schnitten und Brotenden in Toast verwandelt – schmeckt herrlich zum Frühstück.

Wenn er dann immer noch Brot übrig hat, macht er davon Paniermehl: Dazu schneidet man das Brot in nicht zu dicke Scheiben und

trocknet diese im Herd oder in der Sonne auf der Fensterbank. Die Scheiben werden regelmäßig gewendet, bis sie rundum hart und trocken sind. So kann man das Brot gut ein Jahr lang aufbewahren. Es wird in Stückchen gebrochen, in einer kleinen Mühle zu Paniermehl gemahlen und gesiebt. Falls keine Mühle zur Hand ist, kann das Brot auch in ein Geschirrtuch gewickelt und dann ordentlich mit dem Hammer bearbeitet werden. So wird man billig seine Aggressionen los!

Paniermehl kann man mit etwas Margarine, Ei oder geriebenem Käse über Aufläufe streuen, damit sich eine knusprige Kruste bildet. Es bindet Spinat und wird – mit geschlagenem Ei – dem Hackfleisch beigemischt, um die Masse zu verdoppeln!

Die zweite Ehe

Ein Merkmal von Socken ist es, daß sie – genau wie ein Ehepaar – zu zweit sind. Und so wie in einer Ehe verschwindet schon mal einer und kommt nie mehr zurück. Das Paar ist nicht mehr vollständig, und was tut man nun mit der zurückgebliebenen Socke? Einfältige Geizhälse stopfen ihre Spargroschen in eine solche einzelne Socke und verleihen ihr so eine neue Daseinsberechtigung.

Für schlaue Geizhälse, die ihr Geld am liebsten zur Bank bringen, um Zinsen zu bekommen, ist das keine Lösung. Sie kaufen lieber von vornherein einen Vorrat an gleichen Socken ihrer Lieblingsmarke und -farbe. Wenn dann eine Socke verschwindet, ist das kein Beinbruch. Sie warten einfach, bis das gleiche noch mal passiert und haben wieder ein komplettes Paar. Eine neue Ehe kann beginnen.

Dieser Tip trifft auch für Nylonstrümpfe zu, denn auch davon hat man jeweils zwei. Auch für Strumpfhosen gilt er, allerdings mit kleinen Abänderungen: Bei diesen nämlich sind ja die Strümpfe unlöslich durch das Höschen miteinander verbunden. Daher kann man auch keinen Strumpf verlieren. Aber es kommt natürlich vor, daß ein Strumpf noch ganz ist, während der andere eine Laufmasche hat oder gar ein Loch. Eine schmerzhafte Scheidung ist dann nicht zu vermeiden. Der kaputte Strumpf wird ohne Pardon abgeschnitten, und dann wartet man darauf, daß das gleiche mit einer anderen Strumpfhose (von gleicher Marke und Farbe!) passiert. Auch von dieser wird der kaputte Strumpf abgeschnitten. Jetzt ziehen Sie an jedes Bein eine „Einbeinstrumpfhose", und wieder hat sich ein zweites Paar gefunden. Es stimmt: Sie tragen dann zwei Strumpfhosen übereinander. Aber im Herbst und Winter, wenn sie am meisten getragen werden, ist das angenehm warm.

Ein stilvolles Mittagessen

Zur Mittagszeit sieht man die Büroangestellten unterwegs zu ihrem Lieblings-Imbiß in Scharen durch die Stadt strömen. Dem Streß des modernen Lebens scheint man nur noch mit Pizzen, Burgern, Dönern, Fertig-Salaten und zur Not einer Portion Pommes Frites begegnen zu können.

Der echte Geizhals verwöhnt sich selbst. Morgens bereitet er sich ein appetitliches Mittagessen zu, mit gut belegten Butterbroten oder Brötchen. Dazu ein Ei, eine Tomate mit Salz und Pfeffer, etwas Obst und einer Serviette. In einem lauschigen Park mit Bänken verzehrt er sein gesundes preiswertes Mittagessen, auf einer Parkbank sitzend, während seine Kollegen vor dem Imbiß Schlange stehen oder in rauchigen Gaststätten auf Bedienung warten.

Wie kann man ein solches vorbereitetes Mittagessen zusätzlich schmackhaft machen? Nehmen Sie auf keinen Fall einen Plastikbeutel, sondern eine Butterbrotdose. Dadurch vermeidet man nämlich, daß die Butterbrote zwischen den Akten geplättet werden.

Nicht jeder ißt allerdings gerne Butterbrote, die bereits vor Stunden geschmiert und belegt wurden. Sie nehmen also Brotscheiben und Brotbelag getrennt mit und machen ihre Butterbrote mittags fertig. Butter oder Margarine und Salz und Pfeffer kann man in kleinen Plastik-Filmdosen (die man sonst ohnehin wegwerfen würde) mitnehmen. Ob zu Hause oder erst im Büro zubereitet, ein selbstgemachtes Mittagessen ist viel billiger. Bereiten Sie sich in Zukunft Ihr eigenes „Vitamin-Sandwich" zu, mit einer Scheibe Käse, Paprika, Tomate oder frischen Keimen. Oder wie wär's einmal mit Erdnußbutter mit scharfer Soße und einer Gurkenscheibe als Belag?

GROSSER PICKNICKKORB MIT DELIKATESSEN

KLEINE AKTENDOSE FÜR DEN REST!

Duschen im Dunkeln

Wenn man ernsthaft über Einsparungsmöglichkeiten nachdenkt, sind die Ideen geradezu unbegrenzt. Die meisten Männer rasieren sich beispielsweise vor dem beleuchteten Spiegel, obwohl sie nur sehr selten hineinschauen. Das Rasieren geschieht eigentlich automatisch. Wenn Sie das Licht löschen, nachdem Sie das Rasiermesser zielsicher bei den Koteletten angesetzt haben, wird sich zeigen, daß Sie sich im Dunkeln rasieren können, ohne sich größere Verwundungen zuzuziehen, und daß es außerdem gar nicht so dunkel ist. Meist fällt genügend Licht ins Badezimmer, um alles sehen zu können, sobald die Augen sich auf die veränderten Lichtverhältnisse eingestellt haben.

Abgesehen von dieser Entdeckung gibt es noch viele andere Einsparungsmöglichkeiten. Warum zum Beispiel braucht man beim Föhnen, beim Waschen am Waschbecken oder beim Zähneputzen Licht? Und wie sieht es beim Duschen aus? Brauchen Sie wirklich Licht, wenn Waschlappen, Seife und Shampoo immer auf ihrem festen Platz stehen? Duschen im Dunkeln, am besten zu zweit, spart Wasser und Energie und ist gut für den Blutdruck. Außerdem ist es ideal, um wach zu werden.

Kalt zu duschen ist in den Sommermonaten eine reine Wonne. Genau wie das Schwimmen wird es erst richtig angenehm, wenn man „drin" ist. An kaltes Wasser gewöhnt man sich schnell.

Wenn Sie einen Boiler haben und im Sommer dazu übergehen, kalt zu duschen, sollten Sie ihn ganz ausschalten und den Wasserkessel mit Wasser zum Geschirrspülen, während Sie z.B. das Mittagessen kochen, auf einen Topf stellen, um so das Wasser zu erhitzen.

Übrigens: Trockenduschen ist das letzte Stadium, und wir empfehlen es nur in extremen Notfällen.

Geizhälse setzen auf sich selbst

Glücksspiele und Lotterien kommen immer mehr in Mode. Manch einer gibt viel Geld dafür aus. Spielautomaten und einarmige Banditen schlucken ansehnliche Sümmchen. Auch im Kasino kann man sein Geld loswerden oder beim Toto. Für jede Bevölkerungsgruppe gibt es die passende Spielleidenschaft.

Das Spielen und Losekaufen basiert auf nichts anderem als den Träumen armer Menschen. Wir hoffen, dadurch reich zu werden, daß wir ein wenig Geld ausgeben. Wer regelmäßig einen kleinen Betrag auf die hohe Kante legt, wird sicher reich. Der wahre Geizhals nimmt deshalb nur an einer Lotterie teil: dem individuellen Sparlotto, bei dem es nur Preise und keine Nieten gibt. Der Vorteil beim individuellen Sparlotto ist, daß die Preise ein Leben lang regelmäßig ausgezahlt werden, solange man spart. Ein Los, auf das mit Sicherheit ein Preis von DM 500,– per Jahr fällt, erwerben Sie schon, wenn Sie jeden Tag in der Stammkneipe ein Bierchen weniger trinken. Für einen Bayern dürfte dieses Opfer vielleicht zu groß sein, aber für den durchschnittlichen Bundesbürger müßte es zu schaffen sein.

Täglich zehn Kilometer weniger mit dem Auto zu fahren, ist nicht ganz so drastisch, und Sie sparen mehr dabei: rund DM 750,–. Mit dem Rauchen aufzuhören sichert Ihnen schon bald einen der Hauptpreise von rund dreitausend Mark. Wenn Sie Ihr Auto abschaffen, dann gehört Ihnen der Hauptpreis von fast DM 7.000,– jährlich steuerfrei. Was können Sie sich dafür nicht alles kaufen? Ein Fahrrad und Fahrkarten für den öffentlichen Nahverkehr, – vom Rest machen Sie Urlaub. Spielen im individuellen Sparlotto: der Lotterie, in der es nur Gewinn gibt und keine Nieten.

Ein Mittagessen in der Bibliothek

Heutzutage scheint Kultur viel Geld kosten zu müssen, wenn sie geschätzt werden soll. Eine Eintrittskarte fürs Kino kostet zwischen DM 8,– und DM 20,–. Für eine Theaterkarte muß man schon zwischen DM 25,– und DM 80,– berappen, – und dann sprechen wir noch lange nicht über „Pavarotti" oder „The Voice". Die kann ein normaler Sterblicher schon bald nicht mehr bezahlen. Vor nicht allzu langer Zeit war Kultur gratis und spielte sich auf der Straße ab.

Mit einer guten Spürnase stößt man aber noch immer auf kostenlose Veranstaltungen. Wenn Sie sich die Zeit nehmen, können Sie sich zum Beispiel an den Straßenartisten erfreuen, die in den größeren Städten auftreten. Der finanzielle Beitrag beruht auf Freiwilligkeit, je nach der Qualität des Gebotenen. Aber auch überdacht gibt es eine Reihe kostenloser Konzerte. In Kirchen und Museen finden Mittags- oder Kaffeekonzerte statt. Dabei wird prächtige klassische oder moderne Musik geboten.

Aber es gibt noch mehr. Aufmerksames Lesen Ihrer (kostenlosen) Stadtteilzeitung ist allerdings erforderlich. So organisieren Bibliotheken Vorträge oder Konzerte während der Mittagspause. Manchmal werden dazu Kaffee oder Sandwiches angeboten, die keineswegs nach alten Büchern schmecken. So kann man sich kulturell und finanziell laben. Auch Theaterproben sind oft gratis oder finden zu ermäßigten Preisen statt, obwohl das gleiche Stück gespielt wird wie bei der Premiere.

Wer schreibt, der bleibt

Briefe werden heutzutage nicht mehr geschrieben: Wir greifen zum Telefon. Das hat den Vorteil, daß es schnell geht, aber es hat auch Nachteile. Innerhalb der Familie oder zwischen Bekannten und Freunden werden kaum noch Briefe gewechselt. Was aber macht mehr Freude, als einen guten, langen Brief zu schreiben und dann nach einiger Zeit auch Anwort zu bekommen? Ob man nun sachlich auf weißem Papier schreibt oder romantisch bzw. fast literarisch auf rosa Papier mit Blümchen und zartem Duft, ist dabei Geschmackssache. Und dann gibt es natürlich auch noch hübsche Briefmarken.

Alte Briefe können auch wertvolle Informationen liefern, wenn man sich auf die Suche nach der Vergangenheit begibt. Wenn irgendwo auf einem Dachboden Briefe von verstorbenen Familienmitgliedern gefunden werden, kann das zur Folge haben, daß das eine oder andere Familiengeheimnis endlich gelöst wird. Und ein Stapel Liebesbriefe, von einem roten Bändchen zusammengehalten, kann den Leser unter Umständen gar erröten lassen.

Von einem Telefongespräch bleibt wenig zurück: ein Eindruck, Erinnerungen, Gefühle, und es bleibt nichts für die, die nicht daran teilnehmen. In Briefen kann man andere Themen anschneiden und in Ruhe über den Inhalt nachdenken. Einen Brief kann man sogar noch einmal durchlesen, bevor man ihn in den Briefkasten wirft. Sollten Sie einmal berühmt werden, dann sind Ihre Briefe eine Goldgrube für Ihre Angehörigen. Sollten Sie nicht berühmt werden, obwohl Sie Brie-

fe schreiben, so ersparen Sie sich immerhin eine hohe Telefonrech-
nung. Vor allem wenn Sie gerne lange, ausführlich und in die Ferne
telefonieren.

Laufend im Urlaub

Auch im Urlaub kann man Geld verdienen, sogar viel. Für den Geizhals stellt Urlaub eine der vielen Herausforderungen dar, um sparsam
und zugleich abenteuerlich zu leben. Was könnte spannender sein, als
mit wenig Geld in der Tasche unterwegs zu sein? Dafür brauchen Sie
keinen teuren Survival-Urlaub zu buchen. Sobald der Rucksack ge-
packt ist, beginnt das Urlaubsvergnügen schon an der Haustür. Wohin? Links, rechts oder vielleicht geradeaus?

Wandernd Ferien zu machen ist „der letzte Schrei". Ihr einziges
Transportmittel sind gute Wanderschuhe und ab und zu ein Bus oder
ein Zug. Jede Strecke hat ihre eigenen kleinen Pfade und hübschen
Fleckchen. Gute Wanderführer und detaillierte Karten sind überall er-
hältlich. Das europäische Wanderwegenetz ist überdies viel umfang-
reicher als das der Autobahnen. Zelten ist außerdem – abgesehen vom
Besuch bei Bekannten und Freunden – die billigste Art und Weise des
Übernachtens.

Aber auch für diejenigen unter uns, die nicht zelten können oder wollen, gibt es genügend Möglichkeiten, die billiger sind als die meisten Hotels.

Jugendherbergen sind schon seit einiger Zeit allen Altersgruppen zugänglich und bieten gute Unterkünfte, manchmal sogar Doppelzimmer. Außerdem gibt es die Naturfreundehäuser, in denen man sogar selbst kochen kann, und es gibt zahlreiche Übernachtungsmöglichkeiten in Privathäusern oder auf dem Bauernhof. Die örtlichen Verkehrsbüros erteilen gerne Auskunft, so daß man mit etwas Planung für rund DM 20,– pro Person übernachten kann. Wenn Sie Kaffee oder Tee selbst mit Campinggas am Waldrand zubereiten, erleben Sie den Urlaub Ihres Lebens!

Handliche Apparate

Im Haushalt können wir mit allen möglichen handlichen Einrichtungen und Apparaten Geld sparen. Ein möglicher Spar-Rausch kann sich aber über das Geld hinaus auch auf Zeit, Rohstoffe und Energie ausdehnen. Niemand denkt mehr darüber nach, aber der Geschirrkorb erspart uns das Abtrocknen und damit Zeit und Geschirrtücher.

Ein Tropfhalter, in dem man eine Flasche umdrehen kann, so daß man sie nicht ewig festhalten muß, läßt zwar nicht Milch und Honig, aber dafür zum Beispiel Joghurt und Tomatenketchup fließen – also Geld. Oder kratzen Sie lieber mit dem Schaber die letzten Restchen aus?

Der Käsehobel ermöglicht es uns, dünne Scheiben Käse aufs Brot zu legen. Ein typisch niederländischer Artikel, der bei Ausländern Erstaunen hervorruft. Eine Amerikanerin, die seit einer Reihe von Jahren in den Niederlanden wohnt, nannte den Käsehobel einen „Käsescheibenzieher".

Dann gibt es noch das Kartoffelmesser, mit dem man nicht nur Kartoffeln, sondern auch Gurken und Äpfel dünn schälen kann. Am praktischsten und gesündesten ist es allerdings, dafür das Kartoffelmesser nicht zu benutzen und Gurken und Äpfel mit der Schale zu verzehren. Das spart nicht nur Grundstoffe, sondern auch Zeit und Abfall.

Aber das ist ja noch lange nicht alles: Das Tee-Ei spart Verpackungsmaterial für losen Tee, im Volksmund Teebeutel genannt.

Filterpapier wird überflüssig, wenn Sie einen Nylonfilter kaufen, den Sie jahrelang benutzen können.

Als letzten Artikel wollen wir eine Vakuumpumpe mit Gummikorken nennen, die verhindert, daß der Inhalt einer halben Flasche Wein, die übriggeblieben ist, nach einigen Tagen nicht mehr schmeckt und weggegossen werden muß. Diese Verschlüsse setzt man auf die Flasche und pumpt die Luft heraus.

Ihr „Coiffeur Cappuccino"

Beim Friseur wird man mit Leichtigkeit eine Menge Geld los. Bevor man es auch nur ahnt, läßt man sich alles mögliche aufschwatzen. Einen Festiger, weil das Haar so schlaff fällt, eine Tönung, weil die ersten grauen Haare durchkommen, oder Dauerwellen, weil die gerade so in Mode sind. Manche Menschen allerdings bezahlen gerne dafür, daß man ihnen Aufmerksamkeit widmet. Sie finden es herrlich, wenn jemand an ihrem Kopf herumfingert. Sie nehmen sich Zeit dafür, lesen ausführlich eine Zeitschrift und trinken einen Kaffee.

Wenn Sie nicht zu den Glücklichen gehören, die das Geld auf der Straße finden, oder ein chicer Friseur nicht auf Ihrer Dauer-Wellenlänge liegt, sollten Sie sich einen Friseur an der Ecke suchen, der einfach nur Haare schneidet. Sie können Ihr Haar vorher zu Hause waschen, – und da schmeckt auch der Kaffee am besten. Dazu kommt noch, daß man bei einem no-nonsense Friseur schneller fertig ist. Man spart also auch noch Zeit.

In vielen Städten gibt es Friseurschulen, wo man für wenig Geld seine Haare schneiden lassen kann. Ein überzeugter Geizhals erzählte mir begeistert, daß er auf diese Art und Weise auch noch attraktive Mädchen kennenlernt. Natürlich besteht dabei das Risiko, an einen Lehrling zu geraten, der gerade zu seinem ersten Schnitt ansetzt, aber

ein Besuch beim Starfriseur kann auch schmerzliche Folgen haben. Die Frage „Warst Du beim Friseur?" bedeutet schließlich nicht immer ein Kompliment. Man kann seine Haare aber auch ganz einfach selbst schneiden. Einigermaßen geschickte Eltern schneiden das Haar ihrer Kinder (und Partner) und sparen so jährlich mindestens DM 500,–. Von diesem Betrag kann man sich dann einmal richtig etwas gönnen. Wenn Sie selbst Haare schneiden, sollten Sie nicht vergessen, dazu Kaffee zu servieren.

Kochen Sie sparsam!

Unsere Eltern und Großeltern wußten noch, wie man sparsam kocht. So erinnern Sie sich zum Beispiel an den Petroleumkocher, auf dem Speisen auf kleiner Flamme langsam, aber sicher gar köchelten. Petroleum ist nun durch Gas oder Elektrizität ersetzt. Der moderne Mensch will Annehmlichkeiten. Aber mit dem Petroleumkocher ist auch die Kunst des sparsamen Kochens praktisch verschwunden. Die *Vrekkenkrant* hat sich zum Ziel gesetzt, diese Kenntnisse wieder zum Vorschein zu bringen. Beispiele zeigen, daß die Speisen mindestens genauso gut, wenn nicht besser schmecken, wenn der Gas- oder Elektrizitätsverbrauch auf ein Minimum beschränkt wird. Vom gesparten Geld können Sie mindestens einmal pro Jahr mit der ganzen Familie in einem Luxusrestaurant essen.

Kochen Sie immer auf der am besten geeigneten Wärmequelle, das heißt, die Flamme oder Kochplatte sollte nicht größer sein als der Kochtopf. Immer mit Deckel kochen, das geht schneller. Kochen Sie mit möglichst wenig Wasser. Bei Gemüse und Kartoffeln ist es ausreichend, den Boden damit zu bedecken. Sobald die Speisen kochen, werden Gas oder Elektrizität auf die kleinste Stufe gedreht, dadurch bleiben Ihre Speisen schmackhaft und Ihre Energierechnung niedrig.

Das sogenannte Turm- oder Stapelkochen ist etwas für Fortgeschrittene. Sie benötigen dafür Töpfe, die gut stapelbar sind. Sobald ein Gericht kocht, setzen Sie einen Topf auf den anderen und garen oder erwärmen alles auf einer Flamme. Großmutters Kochkiste ist noch praktischer. Kochen Sie während des Frühstücks Hülsenfrüchte oder Reis kurz auf, und setzen Sie den Topf dann in die Kochkiste, oder in Ihr noch warmes Bett. Wenn Sie abends nach Hause kommen, ist alles gar, und Ihr Bett ist herrlich warm.

Penny wise, pound foolish

Niederländer sind von Natur aus sparsam, möchten dies aber oft nicht zugeben. Aber wer will das schon! Die Zeitschrift *l'Instant* veröffentlichte vor kurzem die Resultate einer aufsehenerregenden Untersuchung: Der durchschnittliche Belgier widmet sich lediglich 26 Minuten pro Woche – nicht einmal vier Minuten pro Tag – der persönlichen Hygiene. Neun Prozent der Belgier waschen sich nicht täglich, und zwei Drittel der Belgier belassen es nach einem Gang zur Toilette bei ungewaschenen Händen. Der durchschnittliche Belgier benutzt anderthalb Jahre lang die gleiche Zahnbürste und verbraucht jährlich lediglich drei Tuben Zahnpasta. Dies sind Gott sei Dank Durchschnittswerte, denn zweifellos gibt es Belgier, die sich zwei- oder dreimal täglich waschen und ihre Zähne putzen.

Wie viele gibt es aber wohl, die dies gar nicht oder nur selten tun? Mit dieser Art von Sparsamkeit spart man sicher Geld, und nach einiger Zeit bleiben mit Gewißheit auch die Gäste aus. Unzureichende Mundhygiene kostet letztendlich aber viel Geld, das man für Zahnärzte und Zahntechniker ausgeben muß, die einem ein Gebiß verpassen. So zeigt sich, daß nicht jede Einsparung auf Dauer Geld bringt. „Penny wise and pound foolish", so nennen die Engländer das. Solange man jung ist und die Zähne noch weiß und ungefüllt in Reih und Glied in gesundem Zahnfleisch stehen, verschwendet man daran keinen Gedanken. Aber ein „Mensch in den besten Jahren", der Tausende von Mark für Füllungen, Goldkronen, Brücken und die Behandlung chronischer Zahnfleischentzündungen ausgegeben hat, denkt anders.

Tägliches Putzen, Stochern und Hantieren mit Zahnseide kostet zwar mehr Geld als drei Tuben Zahnpasta pro Jahr, genauso wie regelmäßige Kontrollen, aber auf die Dauer spart man damit viel Geld.

Die Sache mit dem Melkfett

„Liebe geht durch den Magen", das weiß jede Frau, die gerne hätte, daß ein Mann etwas für sie tut. Und auch das Auge möchte verwöhnt werden, daher kleidet eine Frau sich gerne gewagt, wenn sie einen Mann verführen möchte. Der Effekt ihrer Kochkünste und Kleidung kann allerdings völlig verlorengehen, wenn sie nach dem raffinierten Dessert mit ihrem Auserwählten auf der Couch sitzt und nach Küche und Zwiebeln riecht; und wenn sich dann bei näherer Betrachtung auch noch herausstellt, daß sie rauhe Hände hat und Schuppen oder gar Hornhaut an den Ellbogen. Nein, eine Traumfrau muß zwar eine Traumköchin sein, aber man darf es nicht an ihr riechen.

Außerdem muß sie als emanzipierte Frau ihr eigenes Einkommen haben, man darf ihr jedoch die täglichen Radtouren durch Wind und Wetter ins Büro nicht ansehen. Sie darf reif sein, aber weder Falten noch trockene Haut haben. Eine schwierige Aufgabe, auf die die Kosmetikindustrie sich eingestellt hat. Eine geizige Kosmetikerin rät folgendes: Benutzen Sie mit Hilfe eines Lippenpinsels den Lippenstift bis zum letzten Restchen.

Teure Parfüms kauft man zollfrei in duty-free shops. Am besten bittet man Bekannte um diese Mitbringsel, dann braucht man nicht selbst zu reisen. Benutzen Sie bei Parfüm niemals einen Zerstäuber, denn Spray ist viel teurer und der Verbrauch liegt viel höher.

Kaufen Sie Rosenwasser statt teurer Tonics. Es duftet auch nur und hat damit den gleichen Effekt.

Gegen trockene Haut schaffen Sie ein Fläschchen Nußöl an und für rauhe Hände und Beine keine teuren Cremes, sondern einen Topf Melkfett. Wir wünschen Ihnen einen romantischen Abend!

Seien Sie geizig, verschenken Sie Ableger!

Manchmal muß man wochenlang Geschenke kaufen. Oma hat Geburtstag, der Cousin heiratet, und die Tochter besteht die Führerscheinprüfung. Und als ob das noch nicht genug wäre, ist man bei Freunden zum Essen eingeladen, und die Nachbarsfrau kommt aus dem Krankenhaus. Das Geld fliegt zum Fenster hinaus für Blumen, Wein und Pralinen.

Wenn Geschenke mehr oder weniger zur Verpflichtung werden, hat man keinen Spaß mehr daran. Geizhälse sind schlau, sie sorgen dafür, daß sie immer Geschenke für verschiedene Anlässe vorrätig haben. Dafür haben sie im Schrank eigens eine Ecke reserviert (ein Schuhkarton tut's auch).

Achten Sie auf Sonderangebote, die sich als Geschenk eignen. In diese Ecke des Schrankes gehören auch die Dinge, die man Ihnen

schenkt und die Ihnen nicht zusagen. Etwas Hübsches vom Trödel-markt, ein ausgefallenes Buch, alles mögliche eignet sich für diesen Zweck. Dann brauchen Sie nicht jedesmal extra etwas zu kaufen und sparen Zeit und Geld.

Noch netter ist es, wenn Sie Dinge verschenken, die Sie selbst ge-macht haben. Machen Sie Marmelade, wenn das Obst gerade preis-wert ist, und entwerfen Sie das Etikett für das Glas. Oder ziehen Sie Pflanzen aus Stecklingen Ihrer eigenen Zimmerpflanzen. Viel Erfolg haben Sie mit Pflanzen, die nicht im Geschäft zu kaufen sind, altmo-dischen Sorten oder Pflanzen, die Sie aus Kernen gezogen haben. Die hat Mutter Natur Ihrem Apfel, Ihrer Apfelsine oder Avocado und an-deren tropischen Köstlichkeiten kostenlos mitgegeben.

Resteverwertung leichtgemacht!

Ein echter Küchengeizhals kann alle Restchen gebrauchen, die beim Essen übrigbleiben. Er oder sie wirft niemals etwas weg, im Gegen-teil, die Reste genießen hohes Ansehen. Die Suppe bekommt dadurch mehr Geschmack, das Omelett wird pikanter, und die Soße schmeckt so raffiniert, daß Gäste um das Rezept bitten. Ganze Völkerscharen bewahren die ganze Woche über Reste in Kühlschrank oder -truhe und erklären den Samstag zum „Restetag".

Hier folgen einige Vorschläge für beginnende Küchengeizhälse. Das Kochwasser von Kartoffeln und Gemüsen eignet sich bestens als Basis für Suppe, Bratensaft und Soße.

Kartoffelreste werden gebraten oder püriert. Winzige Reste mar-schieren feingehackt in die Suppe, und eine einzige übriggebliebene Kartoffel gibt dem gefüllten Omelett den letzten Pfiff.

Kalte gekochte Kartoffeln eignen sich, genauso wie Reis, als Basis für Salate.

Von einem Restchen Hülsenfrüchte machen wir mit etwas Zwie-beln, Paprika und Kräutern einen herrlichen Brotaufstrich.

Den Essig aus Gurkengläsern, von Zwiebelchen und sonstigem Saurem sollten Sie niemals wegschütten, denn er dient als Dressing für Rohkost. In Essig, der in Gurkengläsern zurückbleibt, können Sie Gurkenscheiben einlegen. Wenn Gurken gerade billig sind, können sie so günstig aufbewahrt werden.

Mit einem Restchen Apfelmus oder gekochten Birnen können Sie ein herrliches Dessert zubereiten. Nehmen Sie es als Garnierung für Yoghurt oder Crèmes.

In einem Auflauf können Sie alles mögliche verarbeiten: Kartoffeln, Gemüse, Hülsenfrüchte und Reis. Etwas Tomatenpüree dazu, etwas Butter oder geriebenen Käse. Guten Appetit!

Der Schuhmörder

Laut Statistik hat die Kleinkriminalität in den letzten Jahren zugenommen. Diese Kriminialität hat allerdings größeren Umfang angenommen, als wir glauben, denn viele Formen werden nicht erfaßt. Die *Vrekkenkrant* rückte vor kurzem eine Form der Kleinkriminalität ins Licht der Scheinwerfer, die immer größere Ausmaße annimmt. Die Opfer dieser Missetaten verschwinden täglich unbemerkt in Mülltonnen oder bleiben im Kleiderschrank oder Abstellraum zurück.

Wir sprechen über den „Schuhmord". Sowohl in den Niederlanden als auch in Deutschland treiben Zehn-, wenn nicht sogar Hunderttausende von Schuhmördern ihr Unwesen. Sie werden weder verfolgt noch vor Gericht gestellt. Der Schuhmörder schlägt auf unterschiedlichste Art und Weise zu. Leder und Kunststoff vertragen kein Salzwasser. Bei einem Strandspaziergang auch nur kurz durchs Wasser zu laufen, bedeutet sicheren Schuhmord.

Männliche Wirtshausbesucher, die sich auf dem Weg zum Auto „erleichtern" und dabei ihre Schuhe bespritzen, verkürzen deren Lebensdauer beträchtlich. Schaftstiefel könnten hier Abhilfe schaffen.

Schuhe auszuziehen, ohne die Schnürsenkel oder den Verschluß zu öffnen, bedeutet ebenfalls einen langsamen, aber sicheren Märtyrertod.

Auch lang anhaltendes In-der-Hocke-Kauern oder Auf-den-Zehen-Stehen ebenso wie das Schiefstehen an der Bushaltestelle sorgen für ein vorzeitiges Ende Ihrer Schuhe. Sie machen Ihren Schuhen und Ihrem Geldbeutel eine Freude, wenn Sie erstere regelmäßig putzen und pflegen. Lassen Sie Ihre Schuhe beizeiten reparieren, oder tun Sie es selbst. Tragen Sie bei schmutzigen Arbeiten, zum Beispiel im Garten oder bei Malerarbeiten, ein altes Paar. Gönnen Sie Ihren „Tretern" aber auch ab und zu Ruhe. Sie werden es Ihnen danken.

Doppelt ist einmal zuviel

Wir werden Ihnen jetzt eine Idee vorstellen, die einfach und in vielen Situationen anzuwenden ist. Wir nennen sie: das Halbierungsprinzip. Der Name sagt es bereits, wir werden von allen möglichen Sachen die Menge halbieren. Das macht es möglich, Geld zu sparen, ohne Annehmlichkeiten und Luxus zu verlieren.

Die Mengen, die wir von bestimmten Dingen benutzen, sind willkürlich und beruhen eher auf Erfahrung und Gewohnheit als auf der Erkenntnis, daß eine bestimmte Menge die richtige oder erforderliche ist. Alles ist relativ, und wir bitten Sie, all Ihre eingefahrenen Gewohnheiten in Frage zu stellen. Wir gehen dabei nicht subtil vor, sondern sehr drastisch. Nicht ein bißchen weniger, nein: ab sofort von allem nur noch die Hälfte. Erschrecken Sie? Lassen Sie es auch damit bei der Hälfte, so schlimm ist es gar nicht! Ein Beispiel: beim Haarewaschen nehmen Sie immer so viel Shampoo, wie in Ihre Handfläche paßt. Beim nächsten Mal nehmen Sie die Hälfte davon. Wenn Sie mit dem Resultat noch immer zufrieden sind, halbieren Sie diese Menge beim nächsten Mal noch einmal und eventuell noch einmal, bis Sie mit dem Resultat nicht mehr zufrieden sind. Dann nehmen Sie wieder etwas mehr. Sicher ist es Ihnen schon passiert, daß auf einer Reise plötzlich Ihr Shampoo aufgebraucht war, und Sie werden festgestellt haben, daß man auch mit einer verschwindend geringen Menge das Haar noch sauber waschen kann.

Das Halbierungsprinzip läßt sich auch auf Zahnpasta, Waschpulver und Geschirrspülmittel anwenden. Sie können das Verfahren fast unbegrenzt anwenden: Waschen Sie jeden zweiten Tag Ihr Haar statt täglich, statt einmal wöchentlich beziehen Sie alle zwei Wochen die Betten frisch. Und wieviel Toilettenpapier benutzen Sie eigentlich bei jedem Gang?

Hübsche „Mitbringsel"

Geizhälse sind sparsam, kreativ und erfinderisch und normalerweise besonders nette Menschen. Leider gibt es auch Ausnahmen, und mit denen wollen wir uns nun beschäftigen. Wir möchten Sie davor warnen, zu den Ausnahmen gehören zu wollen. Oder sind Sie bereits jemand, der sich ab und zu an „Mitbringseln" vergreift? Wollen Sie so verbissen sparen, daß Sie regelmäßig die Grenze zwischen anständig und unanständig überschreiten?

Sie wissen nicht, was gemeint ist und worum es geht? Und wo liegt diese Grenze eigentlich? Wir werden Ihnen auf die Sprünge helfen.

Gehören Sie zu den Menschen, die ihre Post über die Firma verschicken lassen? Das ist natürlich besonders günstig, keiner merkt es, aber es ist natürlich ordinärer Diebstahl. In dieselbe Kategorie gehört das Mitnehmen von Kugelschreibern, Papier und anderen Büroartikeln. Man nennt das white-collar-Kriminalität. Ebenso verwerflich ist es, Handtücher und Aschenbecher aus Hotels, Besteck und Toilettenpapier aus Cafés etc. mitgehen zu lassen. Pflanzen sollten Sie im Park lassen und Zeitschriften in öffentlichen Leseräumen. Es geht um Diebstähle, die Betriebe und öffentliche Einrichtungen jährlich Unsummen kosten.

Ein ehrlicher Geizhals beteiligt sich daran nicht, allerdings stopft er ab und zu mehr oder weniger verstohlen etwas in seine Einkaufstasche wie zum Beispiel Würfelzucker aus dem Café, wenn er sicher ist, daß er ansonsten doch weggeworfen würde. Oder die Zeitung, die im Zug liegengelassen wird, genauso wie die angebrochene Seife aus dem Hotel. Für ein Geldstück bückt er sich auf der Straße, und eine Pfandflasche läßt er auch nicht liegen. Denn das sind „hübsche Mitbringsel".

Fast umsonst gut informiert

Abonnements sowie Bücher und Zeitschriften, die am Kiosk gekauft werden, gehen jeden Monat ordentlich ins Geld. Wer sparen will, für den stellt die Einschränkung des Lesefutters eine einfache Lösung dar. Nach einiger Zeit wird sich herausstellen, daß uns keine Informationen entgehen: Sie finden sie sozusagen auf der Straße.

Erstens kündigen wir alle Illustrierten, die wir doch nie lesen. Mitgliederzeitschriften von Organisationen wie z.B. von Greenpeace, die wir auch nicht lesen, kündigen wir ebenfalls. Das Geld überweisen wir unmittelbar. Das rettet Bäume und bringt der jeweiligen Organisation noch zusätzliches Einkommen. Falls wir doch einmal in einer Zeitschrift blättern wollen, die wir gekündigt haben, dann hat sicher der ein oder andere Freund ein Abonnement. Eine Zeitung oder Zeitschrift zusammen mit Nachbarn oder Freunden zu abonnieren, ist übrigens ebenfalls vorteilhaft und macht Spaß, denn so bekommt man auch noch Gesellschaft. Wenn Sie und Ihr Nachbar unterschiedliche Zeitungen und Zeitschriften abonnieren, können Sie zwei für den gleichen Preis lesen.

Ein regelmäßiger Besuch der öffentlichen Bibliothek befriedigt den Lesehunger ausgezeichnet. Und der Lesesaal selbst kostet überhaupt nichts. Wenn Ihnen die Bibliothek nicht zusagt, können Sie überall in Bussen, Zügen oder in der Straßenbahn Zeitungen finden, die liegengelassen wurden. So sind Sie noch vielseitiger informiert, als wenn Sie eine einzige Zeitung abonnieren. Und es schenkt Ihnen ein herrliches Gefühl der Befriedigung, eine aktuelle Zeitung vom gleichen Tag zu finden. Ist Ihnen das alles noch zu umständlich, dann schalten Sie das Radio ein und hören stündlich die neuesten Nachrichten.

Werden Sie „Samenspender"!

„Ein Kuß von einem Mann ohne Bart ist wie ein Ei ohne Salz." Dieses Sprichwort ist nicht unbedingt schmeichelhaft für Männer mit glattrasierter Oberlippe. Aber es drückt einfach aus, daß wir ab und zu etwas Besonderes nötig haben, um wirklich genießen zu können. Der Kuß ist herrlich, aber das Kratzen der Barthaare macht ihn erst perfekt.

Ein Ei schmeckt prima, aber mit einer Messerspitze Salz wird es eine Delikatesse. So verfeinern wir täglich beim Kochen unsere Speisen dadurch, daß wir Salz, Gewürze und Kräuter hinzufügen. Getrocknete Kräuter sind in unterschiedlichen Verpackungen und Mengen erhältlich. Besser schmeckt es allerdings, wenn man frische Kräuter kauft oder – noch besser – selbst züchtet. Vor oder während des Kochens kann man dann je nach Bedarf Blättchen oder ganze Zweige abzupfen und direkt verwenden. Ein Gemüsegarten ist dafür nicht erforderlich, eine Fensterbank oder ein Balkon reichen völlig aus. Kaufen Sie ein paar Säckchen Samen, und Sie werden schnell entdecken, ob Sie ein Händchen fürs Züchten haben oder nicht. Ihnen wird auch auffallen, daß so ein winziges Säckchen viel mehr Samen enthält, als man selbst oder die Familie verbrauchen kann. Tauschen Sie deshalb mit Nachbarn und/oder Freunden Samen oder verschenken Sie ihn. Auf diese Art und Weise werden Sie „Samenspender"!

Sie können natürlich auch alles selbst säen und warten, bis die Pflänzchen etwas gewachsen sind und sie dann tauschen. Das erfordert natürlich eine gewisse Planung. „Wenn Du Petersilie und Schnittlauch ziehst, nehme ich Sellerie und Liebstöckel. Den Nachbarn bitten wir, Zitronenmelisse und Kerbel zu ziehen, und von meiner Tante bekommen wir Dill und Estragon." Ein lebhafter Tauschhandel kann daraus entstehen. Blumentöpfe mit Kräutern und Gläser mit selbst gezogenen und getrockneten Kräutern sind außerdem ausgefallene Geschenke.

Geizhälse sind nicht mager!

Das klassische Bild vom Geizhals ist eine spindeldürre Person, die sich lieber das Essen vom Munde abspart, als Geld dafür auszugeben. Die typische Geizhalsmahlzeit besteht zum Beispiel aus Wassersuppe, selbst gefangenen Fröschen und gedünsteten Brennesselspitzen.

Es wird Zeit, daß sich diese Vorstellung drastisch ändert. Inzwischen begegnet man immer häufiger einer neuen Sorte Geizhals. Vor allem im traditionell sparsamen Norden, aber mehr und mehr auch im lebenslustigen Süden. Er oder sie sieht strahlend aus, lacht viel, ernährt sich gesund und schmackhaft und genießt aus vollen Zügen.

Wie ist dieses neue Phänomen zu erklären? Schlicht und einfach: Für unser tägliches Essen brauchen wir nicht viel Geld auszugeben, und können trotzdem gut und gesund essen. Natürlich ist es herrlich, mit Freunden oder der Familie im Bistro oder Restaurant zu essen, aber für die tägliche warme Mahlzeit brauchen wir nicht mehr auszugeben als ca. DM 2,– bis DM 3,– pro Person. Sie glauben das nicht? Aber es stimmt. Erfahrungen eines bestimmten geizigen Ehepaares aus Den Haag zeigen, daß das möglich ist und daß ein wohlgerundeter Bauch bei solchen Mahlzeiten mit Leichtigkeit erhalten bleibt. Wie finden Sie zum Beispiel das folgende aus einer langen Reihe von „Geizhalsmenüs"?

Erst eine Rindfleisch-Nudelsuppe aus der Tüte. Als Hauptgang Reis mit gebratenen Zwiebeln, weißem Kohl, Spinat oder anderem

Gemüse und Kräutern. Dazu ein Omelett mit Champignons. Zum Nachtisch etwas Obst. Falls Sie noch ein Gläschen roten Wein oder ein Bier dazu trinken, ist das Mahl komplett. Guten Appetit!

Der Verschluß der Zahnpastatube

Manche Menschen sind Morgenmuffel. Das ist unangenehm für sie selbst, aber auch für den Partner. Die Erfahrung lehrt, daß man solchen Menschen morgens am besten aus dem Weg geht. Vor allem muß man dafür sorgen, nicht noch zusätzlich zur frühen Stunde Ärgernis zu erregen. Eine unverschlossene Zahnpastatube kann zum Beispiel der Anlaß für einen fürchterlichen Krach sein. Einerseits ist es übertrieben, sich über eine solche Kleinigkeit aufzuregen. Auf der anderen Seite hat der Morgenmuffel recht: die Zahnpasta trocknet aus, kann kaum mehr aus der Tube gepreßt werden oder ist ganz und gar unbrauchbar.

Aufmerksame Menschen aber, die die Tube immer zudrehen, verschwenden auch Zahnpasta. Wenn die Tube leer ist – oder besser gesagt, so aussieht als ob –, ist immer noch genug Zahnpasta drin, um

die Zähne damit noch einige Male zu putzen. Schneiden Sie also die Tube auf und bedienen Sie sich! Dieser Tip gilt für alles, was in Tuben aufbewahrt wird, wie z.B. Gesichtscreme oder Sonnencreme. Einfach aufschneiden! Bei allem, was in Flaschen oder Flakons verpackt ist, kann man den Neukauf ebenfalls verschieben. Sind Spülmittel, Shampoo oder Eau-de-Toilette leer? Nicht sofort zum Einkaufsbummel aufbrechen, geben Sie einfach etwas Wasser dazu, schütteln Sie das Ganze, murmeln Sie einen Zauberspruch, und das Wunder geschieht! Sie haben wieder für einige Zeit Vorrat.

Schauen Sie sich einmal einen Lippenstift an, bevor Sie ihn wegwerfen: Er ist so konstruiert, daß sich ungefähr ein Drittel davon noch in der Halterung befindet, wenn dieser schon leer aussieht. Auch dafür gibt es eine Lösung. Mit einem kleinen Pinsel oder einem Wattestäbchen kann man ihn ganz aufbrauchen.

Schaffen Sie Ihr Auto ab!

Das Automobil ist fast die gefährlichste Sucht, der der moderne Mensch anheimfallen kann. Es geht nicht nur um Hunderttausende Toter und Verletzter jährlich, auch unsere Städte und das ganze Land werden mehr und mehr von Straßen und Bauwerken entzweit. Die sich unaufhörlich vermehrenden Autos pusten auch immer mehr schädliche Stoffe in die Luft, mit dementsprechenden Folgen.

Viele von uns sind von Berufs wegen zum Auto verurteilt, sie sind nicht zu beneiden. Aber treffen wir die Entscheidung für oder gegen ein Fahrzeug eigentlich immer bewußt? Der moderne Geizhals hat inzwischen eine einfache Rechenaufgabe angestellt: Wenn ich mein Auto abschaffe, spare ich jährlich mindestens DM 7.000,–. Was kann ich damit alles machen? Erst eine Bahnkarte für meine Familie und mich kaufen. So können wir hinfahren, wohin wir wollen. Außerdem kann ich ab und zu ein Taxi nehmen, oder ein Auto mieten, wenn ich einmal tatsächlich eines brauche. Das alles kostet weniger, als ein Auto zu besitzen, und es bleibt noch genug übrig, um in Urlaub zu fahren. Natürlich mit dem Zug. Und wieviel freie Zeit bringt mir das? Nie mehr Auto waschen, nie mehr an der Tankstelle oder Reparaturwerkstatt warten, nie mehr einen Parkplatz suchen. Nicht einsam in einem Blechkäfig gefangen sitzen und wegens des Staus zu spät zu einem Termin kommen. Herrlich entspannt und die Aussicht genießend, mit einem Kaffee und guter Lektüre, im Gespräch oder schlafend, lasse ich mich von meinem Privatchauffeur hinbringen, wohin ich will.

Aus alt mach neu

Jetzt folgen ein paar Tips für Damen und emanzipierte Herren, die eine Nähmaschine besitzen. Mit Nadel und Faden geht es natürlich auch, dann kostet das Ganze aber etwas mehr Zeit. Außerdem benötigen wir kaputte oder nicht mehr brauchbare Kleidungsstücke und Laken. Noch etwas Musik dazu, und los geht's:

Wir fangen ganz einfach an. Aus einem kaputten Handtuch machen wir einige Waschlappen oder kleine Gästetücher, und aus kaputten Geschirrtüchern machen wir Spüllappen. Wenn das gelungen ist, wagen wir uns an ein Bettuch, das in der Mitte dünn geworden ist oder einen Riß hat. Wir schneiden es in der Mitte durch und nähen die Seiten aneinander, säumen, und schon können wir wieder darauf schlafen.

Aus einem anderen alten Bettuch machen wir zwei Kissenbezüge. Wir wissen uns auch zu helfen mit einer alten Tischdecke, die Löcher hat oder ein paar Flecken, die nicht mehr herausgehen. Aus den noch guten Stücken machen wir Servietten, so daß wir weniger Papierservietten benötigen. Dann machen wir aus zwei verschlissenen Topflappen, die wir aufeinandernähen, einen wieder brauchbaren.

Das alles ist noch relativ einfach. Aber was geschieht mit dem Hemd, das noch gut ist und an dem nur Kragen und Manschetten verschlissen sind? Für fortgeschrittene Geizhälse ist auch das kein Problem. In weniger als einer Stunde sind sie fertig und Kragen und Manschetten sitzen „umgekehrt" am Hemd. Keiner siehts, und die Lebensdauer eines Hemdes wurde um eine Reihe von Jahren verlängert.

Der lukrative Gang zur Toilette

Es wird für die Wasserwerke immer schwieriger, Trinkwasser aufzubereiten. Immer mehr Stoffe müssen herausgefiltert werden. Der

Wasserpreis ist zur Zeit noch relativ niedrig, aber er steigt und wird in den kommenden Jahren immer weiter steigen.

Ein schlauer Geizhals bereitet sich darauf natürlich vor und trifft Vorsorgemaßnahmen. Die einfachste Möglichkeit, viel zu sparen, ist, die Toilette nicht nach jedem „kleinen Geschäft" durchzuspülen. Sie rümpfen die Nase wegen des Geruchs, den Sie den übrigen Familienmitgliedern oder Gästen damit zumuten? Einen Moment bitte. Sie spülen natürlich schon, aber nicht so wie früher. Ein Liter Wasser reicht völlig aus. Probieren Sie es mit einer Literflasche Wasser selbst einmal aus.

Es gibt verschiedene Möglichkeiten, um das „kleine Geschäft" günstig zu beseitigen. Die einfachste, jedoch nicht die billigste, ist ein neuer Spülkasten mit sogenannter Spülunterbrechung.

Diese Anschaffung kostet einige hundert Mark. Mit einem einfachen Knopfdruck unterbrechen Sie die Spülung, wann immer Sie wollen.

Wenn Sie kein Geld ausgeben wollen, dann können Sie einen Eimer Wasser mit einem Stieltopf in das Badezimmer stellen, Wasser aus der Wäscheschleuder eignet sich dafür zum Beispiel sehr gut. Fertig! Eine Gießkanne ist auch eine Möglichkeit.

Die Heimwerker unter uns können auch das Abwasser aus dem Waschbecken in die Toilette umleiten. Während des Händewaschens spülen Sie so die Toilette und verdienen bares Geld durch den Gang zur Toilette.

Nur Nicht-kaufen ist wirklich „günstig"!

Geiz kennt viele Ausdrucksformen. In diesem Buch stellen wir Ihnen vor allem die aktiven Formen vor. Man tut etwas, um Geld zu sparen: vorteilhaft einkaufen, alle Sachen gut pflegen, Material wiederverwerten usw. Abgesehen von dieser aktiven Form gibt es auch eine, die oft mehr bringt und für die man seltsamerweise nichts zu tun braucht. Man muß dafür nur etwas unterlassen.

Es hört sich einfach an, aber diese höhere Stufe des Geizkragentums ist den echt Fortgeschrittenen vorbehalten, die ihre Sporen mit aktivem Geiz verdient haben. Mit dieser passiven Form sollten Sie nicht beginnen, bevor Ihnen die aktive nicht in Fleisch und Blut übergegangen ist, sonst können wir für nichts garantieren. Ein einfaches Beispiel: Ihr Kugelschreiber tut's nicht mehr. Normalerweise wirft man das Ding weg, nachdem man wütend geschüttelt und auf dem Papier gekratzt hat. Statt dessen legen Sie den Kugelschreiber beiseite und benutzen einen anderen. Nach einer Zeitlang benutzen sie ihn wieder, und – es geschehen noch Zeichen und Wunder – in 90 % aller Fälle schreibt er wieder.

Schwieriger ist der sogenannte „Nicht-Kauf". Sie haben die Absicht, wieder einmal einen Nachmittag in der Stadt zu verbringen? Lassen Sie den Stadtbummel einmal ausfallen. Lesen Sie lieber ein spannendes Buch, oder gehen Sie spazieren. Oder noch besser: Besu-

chen Sie Ihre kranke Tante, für die kaum jemand Zeit hat. Wenn Sie das schaffen, werden Sie ein Gefühl tiefer Befriedigung erleben. Wenn der Nachmittag vorbei ist, haben Sie Ihr Geld noch, Ihre Tante ist zufrieden, und Sie stellen fest, daß Sie vieles von dem, was Sie haben wollten, gar nicht brauchen.

Die edle Kunst des „Nichtstuns" ist nicht nur eine Quelle der Heiterkeit, auch Ihr Bankkonto wird es Ihnen danken.

Geizburger

Der moderne Geizhals weiß, was die einfachste Weise ist, um beim täglichen Essen Geld zu sparen: den Fleischkonsum einzuschränken. Für viele ist es unvorstellbar, gänzlich ohne Fleisch zu leben, obwohl man ohne Fleisch genauso gesund, wenn nicht sogar gesünder lebt. Vor allem den „eingefleischten" Karnivoren unter Ihnen empfehlen wir einige der folgenden Tips. Es wird Ihnen kaum auffallen, daß Sie weniger Fleisch essen, während Ihr Geldbeutel mit jeder Mahlzeit dicker wird. Fangen Sie vorsichtig an, Schritt für Schritt. Kaufen Sie nächstes Mal 20 % weniger Fleisch für beispielsweise Gulasch, und bereiten Sie das Gericht auf die gewohnte Art und Weise zu. Der Unterschied ist nicht oder kaum zu erkennen. Wenn Sie Frikadellen zubereiten wollen, können Sie sicher 30 % weniger Fleisch nehmen. Die Frikadellen werden wie zu Großmutters Zeiten mit Resten von altem Brot, Zwieback oder Paniermehl und einem Ei gestreckt. Kein Kommentar, höchstens Komplimente für den Koch oder die Köchin, denn es schmeckt ja „wie früher zu Hause"!

Aber Sie können es noch bunter treiben. Vielleicht sind Sie schon so weit, daß Sie sich auf das große Wagnis einer Mahlzeit ohne Fleisch einlassen. Dann kommt für Sie der alternative Hamburger in Frage. Denken Sie nicht sofort an die vorgefertigten Gerstenburger aus dem Bioladen. Nein, wir präsentieren Ihnen den einzig echten Geizburger. Schälen Sie eine Sellerieknolle, und schneiden Sie sie in Scheiben von etwa einem Zentimeter. Backen Sie diese mit Zwiebeln in ungefähr 7 Minuten auf beiden Seiten braun. Zum Schluß streuen

Sie geriebenen Käse, Ketchup und Kräuter darüber und legen noch einmal den Deckel auf die Pfanne.

Guten Appetit – und gute Einnahmen!

Sparsamkeit und Fleiß

Holländer sind von Natur aus sparsam und dafür auch im Ausland berühmt. Diese Sparsamkeit kommt in der Umgangssprache in zahllosen Sprichwörtern und Redensweisen zum Thema Sparsamkeit oder Knauserigkeit zum Ausdruck. „Sich regen bringt Segen" ist eine Redensart, mit der man zu Sparsamkeit anregen will. Und es gibt noch andere: „Viele Federn machen ein Bett", wahrscheinlich vom Beruf des Webers abgeleitet. Und wie wär's hiermit?: „Wo Sparsamkeit herrscht, wächst der Speck am Balken." Früher konnte der Sparsame zusehen, wie sein Speckvorrat, der an Balken hängend aufbewahrt wurde, größer und größer wurde. Und dann die altbekannte Redensweise: „Kleinvieh macht auch Mist."

Auch für denjenigen, der unbeabsichtigt Nachwuchs zeugt, gibt es erbauliche Sprichwörter. „Fünf Minuten Unachtsamkeit sorgen dafür, daß man jahrelang heult." Das folgende Sprichwort kommt aus China: „Es ist nicht wirtschaftlich, früh ins Bett zu gehen, um Kerzen zu sparen, wenn Zwillinge das Ergebnis sind."

Mit diesen Redensarten warnt man vor gut gemeinten, aber falschen Formen der Sparsamkeit, die letztendlich teuer zu stehen kommen können. Essensreste zu lange aufzubewahren und sie schließlich doch noch aufzutischen, mit dem Resultat, daß die ganze Familie krank wird, bringt nicht Ihnen Geld in die Kasse, sondern dem Arzt.

Auf allen vieren durch den Supermarkt

Moderne Geschäfte oder Supermärkte sind so eingerichtet, daß der nichtsahnende Kunde durch die angebotenen Waren vielfältig in Versuchung geführt wird, teure oder wenig nützliche Dinge zu kaufen. Ab und zu gibt es natürlich auch ein auffallendes Sonderangebot, so daß wir glauben, preiswert einzukaufen. Aber wie oft passiert es nicht, daß wir an der Kasse erschrecken, wenn wir den Gesamtbetrag sehen?

Auch hier wird uns das Geldausgeben leichtgemacht: Wir können in beinahe allen Geschäften mit allen erdenklichen Kreditkarten einkaufen. Da wir bei dieser Art des Bezahlens nicht jeden Geldschein extra aus dem Portmonnaie holen müssen, nehmen wir auch große Summen gelassen hin, denn sie werden ja „unsichtbar" direkt vom Konto abgebucht – später.

Ein aufmerksamer Geizhals kann sich gegen die vielen Taktiken der Supermarkt-Psychologen wappnen. Erstens ist es anzuraten, vor dem Einkauf einen Einkaufszettel zu schreiben. Achten Sie auf die Sonderangebote in den Geschäften, die Sie besuchen. Die finden Sie in der Zeitung oder in Prospekten, die man Ihnen in den Briefkasten steckt.

Kaufen Sie soweit möglich große Packungen! Auch wenn man alleine lebt oder zu zweit, kann man eine Menge unverderblicher Produkte in preiswerterer Großpackung kaufen.

Das gilt zum Beispiel für Reis, Kaffee, Toilettenpapier, Mehl, Bohnen, eigentlich für fast alle Basisprodukte.

Eine weitere Möglichkeit, Geld zu sparen, ist die, von Markenfabrikaten Abstand zu nehmen, bei denen man neben dem eigentlichen Produkt den Produktnamen in nicht unerheblicher Weise mitbezahlt. Die sogenannten Billigprodukte oder No-Name-Produkte können – was die Qualität angeht – in den meisten Fällen durchaus mit den Markenfabrikaten konkurrieren. Um diese günstigeren Produkte aufzuspüren, müssen Sie sich allerdings in ein wenig gebückter Haltung durch den Supermarkt begeben, da sie meistens nicht auf Augenhöhe, sondern eher auf Kniehöhe in die Regale einsortiert werden.

Das Tee-Ei

Neben Kaffee wird in den meisten Familien und am Arbeitsplatz täglich Tee getrunken. Aufgrund des kühlen Klimas brauchen wir scheinbar ab und zu etwas Warmes. Tee ist ein schmackhaftes, preiswertes Getränk, das einfach zuzubereiten ist. Aber selbst bei einem so preiswerten Produkt kann man noch Geld sparen. Pro Person beträgt die Ersparnis über einen Zeitraum von 40 Jahren bei einer preiswerten Teesorte ca. 600 Mark, dazu kommen noch die Zinsen. Und das schon, wenn wir von Teebeuteln nur auf ein Tee-Ei „umsteigen" und losen Tee kaufen.

Rechnen Sie nach: Ein Paket Teebeutel enthält normalerweise 20 Beutel zu je 4 Gramm, loser Tee dagegen wird per 100 Gramm verkauft. Bei einem Preisvergleich müssen Sie diesen Unterschied in Betracht ziehen. Losen Tee kann man einfach in die Kanne füllen und vor dem Einschenken kurz rühren. Man kann aber auch ein Tee-Ei anschaffen, was den Vorteil hat, daß man es aus der Kanne nehmen kann, wenn der Tee stark genug ist. Wenn Sie nur eine einzige Tasse Tee zubereiten wollen, können Sie auch eine Teezange kaufen.

Die nächste Möglichkeit zum Sparen ergibt sich, wenn Sie den Tee in einer Thermosflasche warmhalten, statt auf einem Stövchen. In einer Thermosflasche bleibt der Tee stundenlang warm und schmackhaft. Und das ist noch nicht alles. Wie oft kochen wir einen ganzen

Kessel voll Wasser nur für einige Tassen Tee. Das kostet unnötig Wasser und Energie. Messen Sie das Wasser deshalb gut ab, und benutzen Sie einen Flötenkessel, so daß Sie überall im Haus hören können, wenn das Wasser kocht. Rechnen Sie das selbst einmal mit Ihrer Lieblingsteemarke durch. Überzeugen Sie sich davon, daß unsere Rechnung stimmt und es – da Teetrinker bekanntlich länger leben – um eine ordentliche Summe geht.

Kaufen Sie einen Rolls Royce!

Wie viele Gartenbesitzer machen sich das Leben unnötig schwer und teuer? Jeder hätte vor oder hinter dem Haus gerne einen gepflegten Rasen. Meist geht das folgendermaßen vor sich: Für das Egalisieren des Bodens, das Saatgut, Dünger und Schädlingsbekämpfungsmittel müssen Sie gut DM 1.000,– ausgeben. Dann schaffen Sie sich einen elektrischen Rasenmäher an, der etwa DM 500,– kostet, um mühelos Ihren tollen Rasen scheren zu können.

Um den Rasenmäher gut zu unterhalten, muß man ihn regelmäßig warten, und sicher hat er auch mal ein Ersatzteil nötig. Und Sie haben

nun so wenig Bewegung, daß Sie regelmäßig ein Fitneßcentrum aufsuchen müssen, um den Bauchumfang im Rahmen zu halten. Dafür geben Sie ebenfalls mindestens DM 1.000,– im Jahr aus, zuzüglich der gesunden Getränke, die Sie dort konsumieren. Mit anderen Worten: Ihr Rasen ist ein teures Hobby.

Es geht aber auch anders. Schaffen Sie sich einen mechanischen Rasenmäher an: am besten den Rolls Royce unter den Rasenmähern mit jahrelanger Garantie. Der kostet Sie wahrscheinlich nur DM 500,– ist aber so zuverlässig, daß er einiges aushält und kaum jemals defekt ist. Und sollte das doch einmal der Fall sein, dann können Sie ihn mit Zange, Schraubenzieher und Schlüssel selbst reparieren. Immer gut sauberhalten und ab und zu etwas Öl, und Sie haben eine Maschine, die Sie noch in tadellosem Zustand Ihren Kindern vererben können. Inzwischen haben Sie auch festgestellt, daß Sie den Boden am besten selbst egalisieren und das Unkraut jäten sollten. Mit so viel Bewegung wird der Fitneßclub völlig überflüssig.

Die geizige Erbschaft

Wenn man das Wort „Erbschaft" hört, denkt man normalerweise an Geld und Besitztümer verstorbener Eltern, Ehepartner oder reicher Erbtanten. Und auch an die Streitereien, die entstehen können, weil man mit dem letzten Willen des Verblichenen oder der Verteilung unter den Erben absolut nicht einverstanden ist. Viele Kriminalromane und spannende Filme basieren auf den Streitereien und Intrigen, die mit Erbschaften zusammenhängen. Wenn man dagegen selbst reich ist, läuft man Gefahr, deswegen aus dem Weg geschafft zu werden. Da heißt es aufpassen! In seinem Theaterstück „Der Geizige" erzählt Molière, wie das Leben von Harpagon vergällt wird durch die Angst, daß andere erfahren könnten, wieviel Geld er hat. Er muß besonders sparsam leben, um bei seiner Umgebung keinen Argwohn zu wecken.

Ein moderner Geizhals lebt sparsam, aber er sitzt nicht auf seinem Geld. Durch sparsames Leben kann er es sich zum Beispiel erlauben, weniger zu arbeiten. Oder er kann seine eigenen oder die Träume anderer in Erfüllung gehen lassen. Weil er nicht so viel Geld braucht, kann er sich auch eine Stelle leisten, bei der er vielleicht weniger verdient, die ihm aber mehr Befriedigung schenkt.

Das Erbe, das er hinterläßt, ist ganz anderer Art. Er hinterläßt Wissen und Erfahrungen mit sparsamem Leben. Man wird sich an ihn erinnern als einen Menschen, der mit wenig zufrieden war, der sogar aus „nichts" etwas machen konnte. Er lebt weiter in Redensarten, Ausdrücken und Späßchen und durch Rezepte, die er selbst vielleicht von seinen Eltern geerbt hatte. Ist das etwas, worüber Sie schon heute nachdenken können?

Der neue alte Füllfederhalter

Ein Füllfederhalter ist ein wertvoller Besitz. Man kann sehr daran hängen, weil er gut in der Hand liegt, schön schreibt oder weil er eine elegante Form hat. Kurz gesagt, einen Füllfederhalter, an den man gewöhnt ist, leiht man nicht mir nichts dir nichts aus. Es gibt sogar Menschen, die sofort wissen, daß ein anderer damit geschrieben hat, sie fühlen das einfach.

Der Füllfederhalter kam nach der Gänsefeder und der Stahlfeder und hat den Vorteil, daß man ihn nicht jedesmal in das Tintenfaß tunken muß. Ursprünglich hatte der Füllfederhalter ein Reservoir aus Gummi, das sich mit Tinte füllte, wenn man es zukniff. Dann konnte man einige Tage oder Wochen schreiben. Danach kamen die Füllfederhalter mit Tintenpatronen. Die schienen noch handlicher zu sein, denn man brauchte kein Tintenfaß mehr. Ein Nachteil ist allerdings, daß die Patronen ziemlich teuer sind und Abfall produzieren. Und was stellt sich heraus? In die meisten Marken-Füllfederhalter kann man für wenig Geld wieder ein Füllsystem einbauen lassen. Es sieht anders aus als früher und kostet auch etwas mehr. Dann noch ein Tintenfaß, und Sie haben wieder jahrelang Ruhe.

Das gleiche gilt für Kugelschreiber. Warum sollten Sie jedesmal einen aus Plastik kaufen? Wählen Sie lieber einen guten aus Metall, für den Sie ab und zu eine neue Mine kaufen. Die halten jahrelang.

Und dann gibt es natürlich noch Bleistifte, die mit Hilfe des Bleistiftspitzers langsam, aber sicher im Papierkorb verschwinden. Wenn der Bleistift beinahe verschwunden ist, kann man mit einem Metallhalter, den man auf den Stumpf setzt, die Lebensdauer verlängern.

Die Fliegenklatsche

Apotheker und Drogist freuen sich über Kunden, die für jedes Zipperlein eine Tablette, Salbe oder Puder kaufen.

Ihnen geht es dabei gut. Eine weitere Kategorie gern gesehener Kunden sind die, die Vertilgungsmittel kaufen, sobald sie irgendwo im Haus oder Garten ein unbekanntes Lebewesen entdecken. Gewappnet mit großen Spraydosen verfolgen sie Mücken, Fliegen, Motten und Flöhe. Ameisen lockt man mit Duftdosen, und Mäusen und Ratten serviert man Henkersmahlzeiten.

Alle diese Methoden sind schädlich für die Umwelt und schlecht für den Geldbeutel. Außerdem können Gift und Fallen leicht in falsche Hände geraten, immer wieder beispielsweise fallen Kinder ihnen zum Opfer.

Ein Geizhals rast nicht gleich in die nächste Drogerie, wenn er etwas Kleines mit Pfoten oder Flügeln sieht. Er setzt höchstens seine Brille auf oder greift zum Vergrößerungsglas. Er forscht. Wo kommen die Tierchen her? Wie heißen sie und wovon ernähren sie sich? Wie Sherlock Holmes geht er der Sache richtig auf den Grund, und die Resultate seiner Nachforschungen setzen seine grauen Zellen in Bewegung.

Gegen Mücken, die sich verirrt haben, kauft er keine Spraydose, er benutzt Fliegengitter. Er sucht das Mauseloch, dichtet es mit Gips oder ähnlichem zu und bewahrt Lebensmittel verschlossen auf. Er spürt Motten auf, lüftet Kleider in der Sonne, setzt den Staubsauger strategisch ein und verpackt bestimmte Kleidungsstücke in Plastiktüten. Sein Einfallsreichtum kennt keine Grenzen. Er bastelt selbst eine Fliegenklatsche aus einem alten Gummistiefel und einem Stöckchen.

F.D.H.!

In Amerika, wo man uns noch immer Jahre voraus ist, ist Fettsucht die Volkskrankheit Nummer 1. Aufgrund der Eß- und Lebensgewohnheiten leiden sehr viele Menschen, vor allem Frauen, unter extremem Übergewicht. Nachdem sich die Hamburgerkultur immer weiter ausbreitet, wird es nicht mehr lange dauern, bis man auch bei uns immer mehr dicken Menschen begegnet.

Inzwischen hat die Wirtschaft eine Marktlücke entdeckt. Mit zahlreichen Diäten, Pillen, Apparaten und in Fitneßstudios können wir unser Übergewicht loswerden. Wir müssen also erst viel Geld für ungesundes, fettes und süßes Essen ausgeben und bezahlen dann wieder eine Menge, um schlank zu werden. Und wenn das keinen Erfolg hat, müssen wir Arzt- und Krankenhausrechnungen bezahlen.

Pommes mit Mayo sind billig und überall erhältlich, genauso wie Hamburger und Softeis. Weil fast-food so billig ist, kann auch ein Geizkragen, wie schlau er auch ansonsten sein möge, an Übergewicht leiden. Wenn ihm dann aber bewußt wird, daß die Pfunde runter müssen, erinnert er sich an den guten, alten Rat: F.D.H. beziehungweise „Friß die Hälfte".

Das ist die einfachste und billigste Diät, und sie funktioniert immer. Sie brauchen dafür nichts stehen zu lassen, auch nicht Ihre Lieblingsgerichte. Wenn Sie konsequent ein paar Wochen lang von allem,

woran Sie gewöhnt sind, die Hälfte essen, schmelzen die Pfunde dahin. Jede Diätistin kann es Ihnen bestätigen: Abgesehen von extremen Ausnahmen kommen die Pfunde durch den Mund. F.D.H. bedeutet schlank werden für halb soviel Geld.

Holen Sie die Kochkiste vom Dachboden!

Ein Geizhals ist immer auf der Suche nach Möglichkeiten, um etwas umsonst zu bekommen. Das ist logisch, denn je weniger Geld man ausgeben muß, desto weniger Geld muß man verdienen. Dann hat man mehr Zeit übrig für andere Dinge. Und wenn man schlau ist, sorgen diese wieder dafür, daß man weniger Geld ausgibt.

Man lebt nicht, um zu arbeiten, sondern man arbeitet, um zu leben, nicht wahr? Die Kochkiste kann dazu einen Beitrag liefern. Viele von Ihnen kennen sie noch aus Großmutters Zeiten, als in jedem Haushalt eine Kochkiste oder etwas Ähnliches zu finden war. Erinnern Sie sich noch? Eine Kochkiste ist eine gut abzuschließende, gut isolierte Kiste, in die man einen Topf hineinsetzt mit zum Beispiel Reis, der kurz zum Kochen gebracht wurde. Dadurch, daß die Wärme gut erhalten

bleibt, wird alles langsam, aber sicher gar. Es dauert natürlich länger und erfordert etwas Planung, aber es kostet keine Energie, und Anbrennen ist ausgeschlossen.

Ein anderer Vorteil der Kochkiste ist, daß sie besonders für einfache Gerichte geeignet ist. Diese sind in den letzten Jahren aus der Mode gekommen, weil die Zubereitung so viel Zeit erfordert. Niemand – außer Geizhälsen natürlich – hat noch Zeit dafür. Für die Kochkiste eignen sich Bohnen, Erbsen, alle Getreide und Reis, aber auch andere Gerichte, die längere Zeit brauchen, um gar zu werden.

Vereinzelt sind Kochkisten vielleicht sogar noch zu kaufen, aber mit etwas Phantasie macht der moderne Geizhals selbst eine aus einem alten Koffer oder einer Kiste, etwas Isoliermaterial und Lappen.

Der Kompost

In Gärtnereien kann man natürlichen Dünger, Kunstdünger und Kompost kaufen. Natürlicher Dünger stammt von Tieren und ist ein uraltes Mittel, um den Boden zu verbessern und den Ernteertrag zu erhöhen. Kunstdünger kommt aus der Fabrik und hat in etwa die gleichen Eigenschaften, kann aber auf Dauer den Boden erschöpfen. Und dann gibt es natürlich noch Kompost, den man gar nicht genug loben kann; er wird ebenfalls als Dünger und zur Bodenverbesserung gebraucht. Kompost kann man von Garten- und Küchenabfällen selbst machen, er ist also preiswert und äußerst umweltfreundlch.

Gebrauchsfertiger Kompost sieht aus wie schöne schwarze Erde und riecht angenehm nach Waldboden. Um Kompost zu machen, braucht man ordentliche Mengen Abfall und … Geduld. Dann haben Sie auch einen doppelten Vorteil: Sie erzeugen einen preiswerten Dünger für Ihren Garten und haben weniger Abfall, können also auf eine kleinere Mülltonne umsteigen.

Man nehme: alle möglichen Gartenabfälle wie Blätter, kleine Zweige, verblühte Blumen und kleine Mengen gemähtes Gras.

Große Zweige werden erst zerkleinert. Das alles vermengen Sie mit organischen Küchenabfällen, Schalen, Kaffeesatz, Eierschalen, welken Blumen, Erdnußschalen usw. In einer Ecke des Gartens machen Sie einen Komposthaufen, der aus einigen Lagen Abfall, ab und zu etwas Erde und Küchenabfall besteht. Bakterien, Asseln und Regenwürmer treten freiwillig bei Ihnen in Dienst, mit anderen Worten, die Natur tut den Rest. Nach einigen Monaten bzw. etwa einem halben Jahr verfügen Sie über prima kostenlosen Kompost.

Die „Doggy bag"

In Amerika ist es gang und gäbe, nachdem man im Restaurant gegessen hat, eventuelle Essensreste einpacken zu lassen und mit nach Hause zu nehmen. Na ja, gang und gäbe? Warum bittet man die Bedienung dann um eine „Doggy bag" und nicht einfach darum, die Reste einzupacken? Doggy bag bedeutet „eine Tüte für den Hund". Daraus spricht doch eine gewisse Scham. Man bittet nicht darum, das Stück Pizza, das T-Bone-Steak oder die mexikanische Tortilla einzupacken, weil man das selbst gerne am nächsten Tag essen will.

Es ist offensichtlich weniger peinlich, darum zu bitten, diese Reste für den Hund einzupacken. Diese Sitte könnte folgendermaßen entstanden sein: Eine Familie speist in einem Restaurant, und Hektor, der Hund, bewacht zu Hause die Wohnung. Allen schmeckt es. Die Kinder aber essen längst nicht alles auf. Wie gerne würde Hektor dies alles vertilgen. Zu Hause bekommt das brave Tier immer die Reste und Knochen zum Abnagen. Eines der Kinder erzählt dies dem Ober, der so gerührt ist, daß er die Reste ordentlich einpackt und mitgibt. Tatsache ist jedenfalls, daß Amerikaner regelmäßig Essen mit nach Hause nehmen.

Viele amerikanische Familien genießen auf diese Art und Weise abends oder am nächsten Tag noch vom Essen aus dem Restaurant. Und warum auch nicht? Man hat schließlich dafür bezahlt. Und Sie können sicher sein, daß es ansonsten im Abfall landen würde.

Diese Sitte sollte sich auch in den Niederlanden, Deutschland und im übrigen Europa einbürgern. Das geht natürlich nur, wenn der bewußte Geizhals all seinen Mut zusammenkratzt und kühl, mit unbewegtem Gesicht um eine „Doggy bag" bittet. Oder wäre „Freßpaket" ein besserer Ausdruck?

Leben auf Pump

Kaufen auf Kredit ist so selbstverständlich geworden, daß beinahe niemand mehr darüber nachdenkt. Abgesehen von den Banken und Finanzierungsgesellschaften natürlich, die sich immer neue Methoden ausdenken, um uns Geld ausgeben zu lassen, das wir nicht haben. Dafür bezahlen wir dann ordentliche Zinsen. Das sehen wir daran, daß unser monatliches Budget immer kleiner wird und Bankgebäude wie Pilze aus dem Boden schießen.

Der moderne Geizhals weiß, daß es bei einer Abzahlung meist um Produkte geht, deren Anschaffung man durchaus noch auf die lange Bank schieben kann. Erzeugt Ihre Stereoanlage wirklich so schaurige Töne, oder haben Sie sich von bunten Katalogen beeindrucken lassen? Und tut das Auto es wirklich nicht noch ein weiteres Jahr, wenn wir es noch mal warten lassen. Und kann man nicht vielleicht sogar ohne neue Couch leben oder ohne die neueste Super-Küchenmaschine?

Der moderne Geizhals weiß, daß es besser ist, selbst zu sparen, als das Geld von der Bank zu borgen. Im Gegenteil, wenn er selbst spart, kann er sein Erspartes der Bank zur Verfügung stellen und bekommt selbst Zinsen. Ein einfaches Rechenexempel macht deutlich, daß man auf diese Art und Weise Hunderte von Mark sparen kann. Wenn Sie das neueste Computermodell für DM 5.000,– auf Kredit kaufen wol-

63

len, dann haben Sie nach 4 Jahren incl. Zinsen und Unkosten rund DM 6.500,– zurückgezahlt. Wenn Sie monatlich DM 125,– aufs Sparbuch einzahlen, haben Sie nach drei Jahren DM 4.500,–, was zusammen mit den Zinsen, die noch dazukommen, genug ist für den sehnlich erwünschten Computer. Sie haben ein Drittel weniger ausgegeben und bekommen, was Sie wollen.

Ein zweites Leben

Wir leben in einer Wegwerfgesellschaft, und davon kann der Geizkragen profitieren, denn Hausrat ist oft am Straßenrand zu finden. Wie oft haben Sie schon gute Möbel oder ähnliches auf dem Bürgersteig gesehen. Glauben Sie bitte nicht, daß es dabei um Apfelsinenkisten und Schrott geht. Viele Geizhälse richten ihr Haus stilvoll mit Möbeln und Hausrat ein. Dinge, die denjenigen, die sie wegwarfen, vielleicht veraltet erschienen, die aber einige Jahre später wieder in Mode sind. Möbel aus den 50er Jahren zum Beispiel sind jetzt wieder in, vor kurzem landeten sie noch auf dem Sperrmüll.

Für den weniger fortgeschrittenen Geizhals, der nicht gerne etwas von der Straße mitnimmt, gibt es zahllose Trödelmärkte und Secondhand Shops, wo man für wenig Geld hübsche und sogar wertvolle Dinge finden kann. Was man dazu allerdings investieren muß, sind etwas Zeit, ein gutes Gespür und die Bereitwilligkeit, sich die gefundenen oder angeschafften Sachen gut anzusehen. Gründliche Reinigung schadet nichts, und ab und zu sind Reparaturen fällig. Vor allem letzteres kann den Neuerwerb in ein prächtiges Objekt verwandeln, bei dem man Sie oft fragen wird, aus welchem Geschäft es stammt. Ohne wirklich die Unwahrheit zu sagen, antwortet ein Geizhals dann: „Aus der Galerie La Rue in Amsterdam, kennen Sie doch sicher?" Der Feinfühlige wird nicht weiter fragen, und alle anderen trauen sich nicht, denn niemand möchte als unwissend auf dem Gebiet von Möbeldesign angesehen werden.

Reparieren Sie selbst!

Man behauptet immer, daß es sich nicht mehr lohnt, etwas reparieren zu lassen. Die Kosten dafür sind so hoch, daß man gleich etwas Neues kaufen kann. Trifft das zu, oder ist es ein modernes Märchen? Für eine billige Uhr trifft es sicher zu. Sie zur Reparatur zu bringen, ist sinnlos. Aber bei vielen Sachen ist das natürlich ganz anders. Bei einem defekten Fernsehgerät lohnt sich die Mühe durchaus. Es gibt Spezialgeschäfte, die über die erforderlichen Fachkenntnisse – und Ersatzteile – verfügen und die Ihnen auch von vornherein sagen können, was eine Reparatur kostet. Das gleiche gilt für teure Armbanduhren, die plötzlich stehenbleiben und vielleicht nur gereinigt werden müssen.

Aber wie sieht es mit anderen Dingen aus?

Kann man auch einen Stieltopf reparieren, von dem der Stiel abgebrochen ist? Natürlich, denn genau genommen geht es lediglich um eine Schweißnaht zwischen dem Topf und dem Stiel, der sich selbständig gemacht hat. In einem Betrieb, in dem regelmäßig geschweißt wird, findet sich sicher jemand, der – gegen eine kleine Vergütung –

zwischendurch mal etwas anderes machen will. Auf jeden Fall kostet das nur einen Bruchteil dessen, was ein neuer Topf kostet. Und Ihre Topfserie bleibt intakt.

Eine Schere, die nicht mehr gut schneidet, läßt man zusammen mit stumpfen Messern beim Eisenwarenhändler schleifen. Ein Loch im Jacket läßt man im Spezialgeschäft „kunststopfen".

Machen Sie es sich zur Gewohnheit, bei jedem defekten Gegenstand zu versuchen, herauszufinden, ob und wo Sie ihn reparieren lassen können. Sie werden stolz auf sich sein, und Ihr Geldbeutel wird es Ihnen danken.

Der Mondscheintarif

Wissen Sie, daß die Telekom einen Spezialtarif für Geizhälse hat? Ein Geizhals überlegt natürlich zunächst einmal, ob er überhaupt zum Telefon greifen muß. Denn eine Postkarte oder ein Brief sind oft billiger als ein langes Telefonat. Aber ab und zu läßt sich ein Telefongespräch nicht vermeiden. Wenn man die Stimme einer geliebten Person oder eines erkrankten Elternteils hören oder sich selbst zu Wort melden will, ist ein Brief kein Ersatz. Telefongespräche sind auch erforderlich, um etwas schnell erledigen zu können, oder bei geschäftlichen Transaktionen.

Wenn ein Geizhals beschlossen hat, zu telefonieren, läuft er nicht sofort zum Apparat, sondern sieht erst auf die Uhr.

Wieso? Nicht jeder weiß es, aber zu bestimmten Zeiten gibt es besonders niedrige Tarife. Der sogenannte Mondscheintarif beginnt täglich um 18 Uhr und gilt bis zum nächsten Morgen. Am Wochenende gilt der ermäßigte Tarif auch tagsüber. Zu diesen Zeiten ist das Telefonieren im Nah- und Fernbereich viel billiger. Obwohl diese Tarife im Telefonbuch vermeldet werden, ist ihre Existenz so gut wie unbekannt, und wer davon weiß, kennt die exakten Zeiten nicht.

Ein echter Geizhals läßt sich eine solche Chance natürlich nicht entgehen und informiert sich. Auch internationale Gespräche in viele europäische Länder und nach Übersee, wie zum Beispiel in die Vereinigten Staaten und nach Japan, kann man zu ermäßigten Tarifen führen. Die Lektüre des Telefonbuchs kann Ihnen viel Geld ersparen.

Was Sie nie mehr zu kaufen brauchen

Viele der Artikel, die wir für den Haushalt, das Essen und die persönliche Hygiene kaufen, sind eigentlich überflüssig. Wir können darauf verzichten oder sie durch preiswertere oder sogar kostenlose ersetzen. Beispiele gibt es genug: Warum kaufen Sie noch länger Butterbrotpapier für Ihr Mittagessen. Bewahren Sie die Tüten von Brot, Keksen usw. auf und benutzen Sie sie dafür. Krümel ausschütteln, zusammenfalten und auf einem praktischen Platz aufbewahren. Leere Nescafébehälter dienen als Vorratsbehälter. Geschenke verpacken Sie in das Papier, in dem Sie Geschenke bekommen haben. Im Treteimer benutzen Sie gebrauchte Plastiktüten.

Papierservietten und Tempo-Taschentücher brauchen wir auch nicht mehr anzuschaffen. Wir benutzen Baumwollservietten und Taschentücher. Bei der Wäsche macht das kaum etwas aus. Die Servietten machen wir zum Beispiel aus alten Tischdecken, die Taschentücher aus einem alten Laken oder anderem Stoff. Für die Fälle, in denen man lieber eine Papierserviette nimmt, z.B. beim Fischessen, nimmt man unbenutzte aus dem Restaurant mit.

Wäscheklammern findet man vor allem bei Appartementhäusern, kurz bücken und der Vorrat ist wieder aufgefüllt. Gummibänder findet man ebenfalls auf der Straße, zum Beispiel bei Briefkästen, wo die Briefträger sie zurücklassen, kleinere Gummibänder an Blumen-

sträußen und Päckchen. Der fortgeschrittene Geizhals kauft nicht einmal mehr Badekleidung, sondern geht … im Adamskostüm zum Nacktstrand.

Jährlich Hunderte von Mark zu sparen kostet nichts!

Sparen kann man im Großen und im Kleinen. Wenn man anfängt zu sparen, aus welchem Grund auch immer, konzentriert man sich natürlich auf die großen Dinge. Fast jeder von uns hat Ausgaben, bei denen er oder sie selbst einsieht, daß es viel Geld einsparen würde, wenn er/sie die Ausgaben kürzen oder halbieren würde.

Bei dem einen hängt das mit dem Gaststättengewerbe zusammen oder mit teuren Hobbys, beim anderen geht's um Bücher oder CDs, beim nächsten um Reisen. Aber abgesehen von den großen Sparposten bleiben noch zahllose kleinere Möglichkeiten. Unter dem Motto „Kleinvieh macht auch Mist" läßt sich vielleicht noch mehr Gewinn erzielen. Ohne Luxus oder Komfort einzubüßen, können Sie durch kleine Verhaltensänderungen jährlich leicht Hunderte von Mark sparen.

Zum Beispiel dadurch, daß Sie am wöchentlichen Stammtisch ein Pils weniger trinken. Oder einmal in der Woche kein Fleisch essen, oder einmal wöchentlich 5 km Autofahrt ausfallen lassen und dafür mit dem Fahrrad fahren; auch zu Fuß zu gehen ist ein guter Ausgleich. Dann brauchen Sie abends nicht mehr zu joggen, um Ihre Kondition zu erhalten, die vom vielen Autofahren natürlich nicht besser wird.

Zweimal monatlich Mittagessen von zu Hause mitnehmen, statt einen Snack zu kaufen, macht sich auch bemerkbar. Und wie wär's mit täglich zwei Zigaretten weniger? Spielen Sie ein einziges Mal nicht im Lotto, und Sie haben einen Preis gewonnen. Übers Jahr gesehen, sparen Sie so Hunderte von Mark, ohne auf etwas zu verzichten. Und so gibt es natürlich noch Dutzende von Möglichkeiten. Sie müssen sich allerdings eine größere Börse anschaffen.

Basteln und Spielen mit Abfall

Viele Kinder in Ländern der Dritten Welt sind arm und bekommen selten oder nie Spielzeug, das aus einem Geschäft kommt. Aber sie spielen deshalb nicht weniger. Ihre Eltern machen ihnen Spielzeug aus Holz oder Abfallmaterial wie Papier, Holz oder Büchsen. Oder die Kinder machen ihr Spielzeug selbst.

Wunderschöne Beispiele sehen wir manchmal in Museen oder im Fernsehen. Flugzeuge aus Zweigen und Papier, Puppen aus Holz und Lappen, Autos aus Metalldraht, Holz und Büchsen und Bälle aus Plastik. Lassen wir uns von diesen Kindern inspirieren und sammeln wir ebenfalls alle möglichen Dinge, die normalerweise weggeworfen würden, in einem großen Karton. Streichholzdosen, Toilettenpapierrollen, Verpackungsmaterial, Geschenkpapier, Bindfaden, Apfelsinennetze, Korken, Dosen und kleine Stofflappen oder Wolle. Überraschen Sie Ihre eigenen oder andere Kinder damit, und sorgen Sie dafür, daß ein verregneter Nachmittag nie mehr in Vergessenheit gerät.

Eventuell müssen Sie Schere, Leim und Bleistifte bereithalten. Aus Tapetenkleister kann man für wenig Geld eine Menge Leim herstellen, den man in einem Schraubglas lange aufbewahren kann. Mit der berühmten Knopfdose kann man kleinere Kinder für lange Zeit beschäftigen. Kinder finden es herrlich, Knöpfe nach Farbe oder Größe zu sortieren oder Ketten davon anzufertigen. Und was wäre ein Haus ohne eine Kleiderkiste? Bis zur Pubertät machen Kinder gerne Gebrauch davon. Wenn Sie hier alte, ausgefallene Kleidung aufbewahren, Hüte, Schuhe, billige Ketten, Gardinen und Vorhänge, dann machen Sie sich für wenig Geld rasend beliebt.

Die Wartung

Sich regen bringt Segen. Dieses Sprichwort enthält mehr Weisheit, als Sie vielleicht denken. Natürlich schafft man sich mit Fleiß schnell finanziellen Spielraum, so daß man sich auf Dauer vielleicht tatsächlich „Teureres" anschaffen kann. Sparsamkeit ist aber nur eine Seite der Medaille, vor allem mit Fleiß kann man ordentlich Gewinn erwirtschaften. Aber Fleiß ist ein heutzutage kaum noch gebrauchtes Wort. Beim Wort Fleiß denken wir an Ameisen, die unermüdlich arbeiten, aber nichts vom Leben genießen. Oder an den fleißigen Mitschüler, den wir alle hatten und den wir bestenfalls als Streber oder Kriecher ansahen.

Abgesehen von Sparsamkeit sollte auch Fleiß wieder in Ehren gehalten werden. Was können wir durch Fleiß erreichen? Unserem Fahrrad, das uns täglich dient, schenken wir kaum Aufmerksamkeit. Wer putzt heutzutage noch sein Fahrrad, schmiert es und tauscht wichtige Ersatzteile regelmäßig aus?

Wir fahren normalerweise, bis wir das Quietschen nicht mehr ertragen können oder bis wir – im schlimmsten Falle – nicht mehr vom Fleck kommen. So werden Reparaturen unnötig teuer.

Wenn Sie es nicht so weit kommen lassen wollen, ist es angebracht, sich das Fahrrad, und in jedem Falle ein Mountainbike, das auf schlechten Wegen durch Lehm und Schlamm gefahren wird, einmal gründlich anzusehen. Im Buchhandel oder in der Bibliothek finden Sie Bücher mit Anleitungen dafür, und vielleicht gibt es in Ihrem Bekanntenkreis noch jemanden, der Ihnen etwas über Saubermachen, Schmieren, Speichen und Gangschaltung erzählen kann und wie man einen platten Reifen repariert. Mit etwas Fleiß Ihrerseits trägt Ihr Fahrrad Sie ein Leben lang.

Wie motiviere ich meinen Partner?

Sie haben beschlossen, sparsamer zu leben, und stellen fest, daß Ihr Partner damit nichts am Hut hat. Es sieht sogar so aus, als ob sie oder er extra viel Geld ausgibt, um Ihre Sparsamkeit zu kompensieren. So gewinnen Sie nichts, und Krach macht keinen Spaß. Wie geht man in so einem Fall klug und diplomatisch vor?

Erstens schwingen wir keine großen Reden, sondern verhalten uns einfach weiter bewußt. Außerdem: Was ich nicht weiß, macht mich nicht heiß. Einfach die Heizung durchschnittlich um ein Grad niedriger einstellen, eine Lampe weniger brennen lassen, eine sparsame Glühbirne kaufen. Anhand der Stromrechnung können wir sehen lassen, was wir gespart haben.

Dazu muß man sie einfach mit der vom vergangenen Jahr vergleichen. Vom ersparten Geld unternehmen Sie zusammen etwas oder kaufen ein Geschenk (für beide). Kurzum: Halten Sie keine Predigten, sondern belohnen Sie bewußtes Verhalten. Ein weiterer Trick ist Täuschung. Da sie einem guten Zweck dient, ist sie ausnahmsweise erlaubt. Falls Ihr Mann behauptet, Marken unterscheiden zu können und nur den teuersten Whiskey, Kaffee oder das beste Mineralwasser trinkt, schenken Sie ihm einfach „heimlich" eine Zeitlang eine billigere Marke ein. Natürlich müssen Sie sich die Mühe machen, den Inhalt in die teurere Verpackung umzufüllen, um nicht entdeckt zu wer-

den. In neun von zehn Fällen merkt er es nicht. Sobald Ihr Partner sich lobend über sein Getränk ausläßt und behauptet, nichts gehe über eine Tasse oder ein Gläschen XYZ, schlagen Sie zu. Sie bekennen sich zu Ihrem Betrug und erzählen, wieviel Sie damit sparen. Ihrem Partner wird nichts anderes übrigbleiben, als sich geschlagen zu geben.

Eine Kinderlunge ist schnell voll

In diesem Buch geht es um Spartips, die einmal mehr und ein anderes Mal weniger bringen. Zu den großen Posten gehört das Rauchen. Während Rauchen früher noch als modern galt, denkt man heute ganz anders darüber. Davon zeugen auch die neuen Gesetze, denn inzwischen wissen wir, welche schädlichen Folgen das Rauchen hat. Auch Passivraucher können Gesundheitsschäden davontragen. Eigentlich komisch, wenn man das Leben eines anderen beendet, kommt man ins Gefängnis; wenn man ein Leben lang in einem Haus, in dem auch Nichtraucher wohnen, raucht, verkürzt man das Leben anderer laut japanischer Untersuchungen um etwa vier Jahre. Das wird allerdings nicht mit Gefängnis bestraft, man muß sich höchstens ab und zu eine böse Bemerkung anhören. Es geht nicht darum, ob jemand raucht, sondern wo er dies tut. Absolut unverständlich ist es, zu sehen, wie Eltern liebevoll ihr Neugeborenes verwöhnen und dabei eine Zigarette rauchen. Eine Kinderlunge ist schnell voll.

Aber wieviel kann man nun eigentlich sparen, wenn man aufhört zu rauchen? Zum ersten spart man natürlich das Geld für die Zigaretten oder den Tabak, den man täglich raucht. Aber sparen Sie nicht eigentlich noch mehr? Rechnen Sie einmal aus, was das für ein Jahr, und dann, wieviel es für den Rest Ihres Lebens ausmacht. Und dazu kommen die indirekten Kosten, wie zum Beispiel das Waschen und Reinigen von Kleidung, Gardinen und Haaren. Und was kostet es, Ihre Räucherhöhle zu tapezieren und zu streichen? Und dann natürlich die zusätzlichen Kosten bei Krankheit, für Arztbesuche und Krankenhausaufenthalte und die erhöhte Brandgefahr. Vergleichen Sie das einmal mit den Kosten eines Kurses „Raucherentwöhnung", einer Akkupunkturbehandlung und vorübergehend höheren Kosten für Kaugummi oder Süßigkeiten. Schieben Sie das Sparen nicht länger hinaus.

Spartorte à la maison

In den Niederlanden und Flandern werden jährlich 150 Millionen Brote weggeworfen: pro Einwohner rund sieben Brote jährlich.

Schade, denn von altem Brot kann man herrliche Sachen zubereiten. Weiter oben haben Sie gelesen, wie einfach es ist, Paniermehl zu machen oder eine Frikadelle zu „strecken".

Absoluter Höhepunkt des Genusses aber ist das Verzehren von Spartorte, die aus altem Brot zubereitet ist, man nennt sie auch Brotkuchen oder Brotpudding.

Bewahren Sie altes Brot in Zukunft auf, allerdings müssen Sie dafür sorgen, daß es trocken bleibt und nicht schimmelt.

Legen Sie es einfach auf die Fensterbank, bis es knochentrocken ist. Wenn Sie genug haben, zerteilen Sie es in Stückchen und vermischen es in einer Rührschüssel mit etwas Wasser oder Milch. Sorgen Sie dafür, daß die Masse gut sämig ist. Fügen Sie dann Rosinen, Korinthen, Zucker oder Sirup hinzu, Zimt und etwas gemahlene Nelken und eventuell Nüsse, Früchte oder andere Leckereien. Lassen Sie Ihre Phantasie spielen, denn die Brottorte ist Ihre eigene Kreation. Manche mögen sie naß oder feucht, andere lieber trocken. Das bestimmen Sie selbst. Stellen Sie den Teig in einer Form in den Backofen, und backen Sie das Ganze etwa eine Stunde in einem mäßig warmen Ofen. Zum Schluß stellen Sie den Ofen etwas höher ein, damit Ihre Torte eine schöne braune Kruste bekommt.

Ihren Gästen servieren Sie die Brottorte, eventuell mit etwas Rum getränkt, natürlich unter einem anderen Namen, Rosinenauflauf à la maison oder Wiener Pudding. Wenn die Torte verzehrt ist und Sie die Komplimente verdaut haben, können Sie beiläufig erwähnen, wie gut man altes Brot wiederverwerten kann.

Klug sein zahlt sich aus!

Bei einem Geschenk geht es zwar um den Inhalt, aber auch die Verpackung ist wichtig. Ein hübsches Geschenk in Zeitungspapier zu verpacken, wäre Unsinn, und auch den Preis sollte man entfernen. Die

Verpackung ist wichtig, und wenn man sie sorgfältig wählt, wird das sicher geschätzt. Das ist auch Fabrikanten und Geschäftsleuten nicht entgangen, und sie nutzen diese Tatsache natürlich aus. Wer wird nicht schwach beim Anblick von hübschen kleinen Döschen, farbigem Papier, Schleifen und Bändern?

Bei einem hübschen Geschenk gehört das dazu, aber beim Einkauf des täglichen Bedarfs müssen wir gut aufpassen, denn diese Verpackungen müssen wir selbst bezahlen, und sie kosten viel Geld. Einige Beispiele: Wenn es praktisch ist, Produkte in einer Kleinpackung zu benutzen, kaufen Sie diese lediglich ein einziges Mal. Danach kaufen Sie Großpackungen, aus denen Sie in die Kleinpackung um- bzw. nachfüllen können.

Denken Sie zum Beispiel an Tafelsalz oder das teure Kräutersalz, das in einem kleinen Döschen mit handlichem Deckel verpackt ist. Wenn Sie diese ein einziges Mal gekauft haben, genügen in Zukunft größere Packungen. Nehmen Sie den Deckel ab, und füllen Sie aus Ihrem eigenen Vorrat an. Oder denken Sie an kleine Döschen mit Lakritze oder Halspastillen. Die sind so praktisch für die Handtasche. Vergleichen Sie den Preis dafür einmal mit loser Lakritze oder Pastillen vom Drogisten, und Sie werden feststellen, daß er um ein Vielfaches höher liegt. Die Pastillen bewahren Sie zu Hause in einem gut verschlossenen Glas auf und füllen Ihr kleines Döschen von Zeit zu Zeit für einen Bruchteil des früheren Preises nach.

Seltsame Reaktionen

Seit dem Zeitpunkt, zu dem wir die *Vrekkenkrant* im April 1992 zum ersten Mal herausbrachten, erschienen mehrere Nummern. Nach jeder Ausgabe und nach jedem Artikel in der Presse bekommen wir stapelweise Post. In den Briefen drücken die Leute Ihre Anerkennung aus und geben Tips für ein sparsameres Leben. Daran zeigt sich, daß noch viel Wissen über dieses Thema vorhanden ist.

Ältere Menschen schreiben uns, daß sie sich noch an Krieg und Krisenjahre erinnern können. Hausfrauen schreiben uns, daß sie schon immer sparsam wirtschafteten, weil sie wenig Haushaltsgeld, aber eine große Familie haben. Studenten teilen uns mit, daß sie von wenig Bafög leben und gezwungenermaßen kreativ sein müssen. Es gibt auch genügend Menschen, die trotz eines gefüllten Bankkontos sparsam leben. Nicht weil sie müssen, sondern weil sie es so wollen oder nicht anders können. Viele dieser Tips betreffen das Wassersparen, Rezepte oder Geschenke.

Ab und zu bekommen wir einen wirklich ausgefallenen Brief. Dann ist deutlich, daß sich jemand an die Schreibmaschine gesetzt hat, um sich alles von der Seele zu schreiben. Sparsamkeit ist dann Inspiration für sehr extravagante Ratschläge. Haben Sie noch keinen Partner? Entscheiden Sie sich für einen kleinen! Kleine essen weniger und brauchen weniger Platz. Ärger mit Ungeziefer? Essen Sie sie!

Kakerlaken scheinen ausgezeichnet zu schmecken. Eine Frau schrieb uns, daß sie ihre Tips nicht zu schreiben wagte, aber bereit sei, sie uns persönlich mitzuteilen. Sie wollte nicht, daß ihr Mann erfährt, was sie so alles ins Essen mischt.

Für den „Fall des Falles"

Jedem, der einmal in Osteuropa Urlaub gemacht hat, ist aufgefallen, daß man dort beim Einkaufen keine Plastiktüten bekommt. Statt dessen sieht man auf der Straße Jung und Alt mit kleinen, zusammenlegbaren Einkaufstaschen herumlaufen. In Rußland nennt man eine solche Tasche „für den Fall des Falles". Man trägt immer eine bei sich, für den Fall, daß man etwas sieht, was man kaufen möchte – sehr verständlich in Ländern, in denen Mangel herrscht.

Aus Umwelt-Erwägungen heraus wird seit Jahren darauf hingewiesen, daß wir unsere eigenen Einkaufstaschen mitnehmen sollen. Die Millionen Tüten, in die in Supermärkten und anderen Geschäften ungefragt Einkäufe verpackt werden, verursachen bei der Herstellung und im Müll Kosten und Probleme. Die Entwicklung geht dahin, daß

ihr Verbrauch drastisch eingeschränkt wird. Immer mehr Geschäfte berechnen dafür einen Beitrag, und immer mehr Kunden sagen „Nein danke".

Ein sparsamer Mensch sollte immer eine „für den Fall des Falles" bei sich haben. Am besten eine gebrauchte Plastiktüte oder ein Netz, das kaum Platz wegnimmt. Oder haben Sie lieber etwas Stabileres? Für wenig Geld können Sie eine Jute-Tasche kaufen, die Sie waschen und benutzen können bis sie „auseinanderfällt", oder aus Jeansstoff, alten Gardinen oder ähnlichem selbst eine anfertigen. Wenn Sie einmal stolzer Besitzer einer solchen Tasche geworden sind, werden Sie feststellen, daß Sie sie regelmäßig benutzen. Für Schnäppchen und Sonderangebote, für Dinge, die man zufällig findet oder unerwarteterweise geschenkt bekommt. Sorgen Sie dafür, daß Sie sie immer bei sich haben ... für den Fall des Falles.

Doppelverdiener – und dann?

Die Frauenbewegung hat nach jahrelangem Kampf erreicht, daß Frauen außer Hause arbeiten. Darüber hinaus möchte die Frauenbewegung auch erreichen, daß Männer mehr im Haushalt helfen und daß sie sich mehr mit der Betreuung und Erziehung von Kindern beschäftigen. Beide Ziele sind nur zum Teil erreicht worden. Berufstätige Frauen müssen oft noch den Großteil der Hausarbeit erledigen und sind daher doppelt belastet.

Abgesehen von der Befriedigung, die man durch die Selbstentfaltung im Beruf erzielen kann, und den sozialen Kontakten an der Arbeitsstelle, sollte man noch folgende Faktoren berücksichtigen:

Was ist der Nettoertrag des zweiten Einkommens? Was bleibt übrig, wenn Kindergarten, Babysitter und Putzfrau bezahlt sind? Dadurch, daß man chronisch unter Zeitnot leidet, kommt man nicht mehr dazu, kaputte Kleidungsstücke zu reparieren, einen Umweg zu billigeren Geschäften zu machen und gut und preiswert zu kochen. Essen Sie öfter im Restaurant, weil Sie zu müde und abgehetzt zum Kochen sind? Kaufen Sie öfter geschälte Kartoffeln und fix und fertiges Gemüse, das Sie im Mikrowellenherd zubereiten, weil es schneller geht? Arbeiten Sie wirklich, weil Sie es angenehm finden, oder um das Auto abzubezahlen, das Sie anschaffen mußten, um zu Ihrem Arbeitsplatz zu kommen?

Haben wir noch genug Zeit, um mit den Kindern zu spielen, oder bestechen wir sie mit Geschenken? Ginge es uns nicht besser mit einem etwas niedrigeren Einkommen, kürzerer Arbeitszeit und wenn die Arbeit am Arbeitsplatz und im Haushalt besser zwischen Mann und Frau aufgeteilt würde? Leben wir, um zu arbeiten, oder arbeiten wir, um zu leben?

Tauschen tut weh?

In den Vereinigten Staaten und auch in den Niederlanden gibt es eine Tendenz, nicht alles neu zu kaufen oder Arbeiten von Fachleuten ausführen zu lassen, sondern Waren und Dienstleistungen einzutauschen. Für Menschen mit wenig Geld und viel freier Zeit und für Menschen, die sparen wollen, ist dies eine Lösung. Das Prinzip ist, daß kein Geld ausgetauscht wird.

Die Idee ist natürlich nicht neu. In vielen Gesellschaften ist Tauschhandel noch alltäglich. Vor der monetären Volkswirtschaft schaffte man sich so Kleidung, Essen und Hausrat an. Hatte man ausreichend von etwas, dann tauschte man mit einem anderen. Einen Teil der Jagdbeute tauschte man gegen Früchte oder andere Gewächse, die ein anderer gesammelt hatte. Und das funktioniert auch heute noch. Peter arbeitet im Garten der Nachbarin und bekommt dafür seine Wäsche tadellos gebügelt. Beide sind zufrieden: Der Nachbarin ist die schwere Gartenarbeit über den Kopf gewachsen, und Peter haßt das Bügeln.

Anne repariert das Fahrrad eines Kollegen, und dieser zeigt ihr, wie man selbst Fotos entwickeln kann.

Das gleiche gilt für Waren. Kleider, die einem nicht mehr gefallen, tauscht man mit jemandem, der etwa die gleiche Größe hat.

Zuviel Gemüse aus dem eigenen Garten tauscht man mit einem anderen Gartenbesitzer, der andere Sorten züchtet.

Bücher, die ausgelesen sind, tauscht man natürlich auch. So spart man viel Geld und hat auch noch Spaß dabei. Beginnen Sie gleich in Ihrer Familie und Ihrem Freundeskreis mit dem Tauschhandel.

Liebe Deinen Nächsten!

Nachforschungen in England haben kürzlich ergeben, daß mehr als die Häfte aller Haustierbesitzer ihren Hund oder ihre Katze mehr lieben als den Partner. Ein erschreckender Bericht, oder gehören Sie selbst zu jenen, die besser mit Bello oder Fiffi umgehen können als mit Peter oder Maria? An die letztere Kategorie wollen wir uns nicht wenden, das wäre vergebliche Mühe. Diese Leute möchten ihr Haustier nicht missen und sparen weder Kosten noch Mühe, um ihr Schoßtier zu verwöhnen. Jeder nach seinem Geschmack.

Wir richten uns an diejenigen, die erwägen, ein (weiteres) Haustier anzuschaffen. Früher mußten Haustiere für Kost und Logis arbeiten, inzwischen lassen sie ihren Besitzer für sich arbeiten. Wir kennen den Schlittenhund, den Schafhund, den Jagdhund und den Wachhund. Katzen fingen früher Mäuse und wurden darum sehr geschätzt. Ab und zu sind Hunde auch heute noch unersetzlich, zum Beispiel als Blindenhund oder als Polizeihund. Die meisten Hunde aber sind als „Schoßhunde" arbeitslos und bleiben es ihr ganzes Leben lang. Sie kosten ihren Besitzer Unsummen von Geld und werden gehalten, um gestreichelt zu werden oder um als „Gesprächspartner" zu dienen.

Sie müssen sich darüber im klaren sein, daß die Chance, daß Sie jemals etwas anderes zu hören bekommen als „Wuff" oder „Miau", relativ klein ist. Vielleicht ist ein Verwandter oder die Nachbarin auf die Dauer doch ein interessanterer Gesprächspartner. Haustiere kosten viel Geld für Futter und Betreuung. Außerdem kosten sie viel Zeit. Erst wägen – dann wagen. Rechnen Sie erst einmal aus, was Sie statt dessen mit Ihrem Geld tun könnten.

Billige Hobbys

Der eine hat zuviel davon, der andere zuwenig. Und diesmal geht es nicht ums Geld, sondern um freie Zeit. Leute mit anstrengenden Berufen und großen Familien hätten gerne mehr davon. Arbeitslose, Kranke und Ältere haben zuviel davon und müssen ihre Zeit totschlagen. Hinzu kommt noch, daß die Gruppe, die zuwenig Zeit hat, meist über mehr Geld verfügt als die Gruppe, die zuviel Zeit hat. Das Leben ist ungerecht.

Glücklicherweise gibt es zahlreiche Möglichkeiten, um sich zu amüsieren – zum Beispiel mit einem Hobby, das kein Geld kostet. Manchmal kann ein Hobby sogar Geld einbringen. Ein Sammler zum Beispiel kann in Jahren des Sammelns und Tauschens eine sehr wertvolle Sammlung aufbauen. Bei Briefmarken trifft das sicher zu, aber auch bei Münzen, Telefonkarten usw. Je länger Sie etwas aufbewahren und je seltener es ist, desto höher ist der Wert. Bitten Sie jeden in Ihrer Umgebung, zu Ihrer Sammlung beizutragen, die Erfahrung zeigt, daß man das gerne tut.

Ein anderes Hobby, das (fast) nichts kostet, ist Patchwork. Eine Technik, bei der man von alten Stoffresten prächtige Decken oder Wandteppiche macht. Besonders schöne Exemplare werden sogar ausgestellt. Eine „Lappendecke" anzufertigen macht Spaß, sie zu verschenken oder selbst geschenkt zu bekommen natürlich auch. Dies

sind lediglich einige wenige Beispiele für sehr preiswerte Hobbys. Es gibt viel mehr: Wandern, Ansichtskarten sammeln, Zeichnen, Basteln mit Abfall usw.

Kostenlose „stille Zeit"

Stillen ist in jeder Hinsicht besser als das Fläschchen. Nicht nur Mutter und Kind profitieren davon, sondern auch die Umwelt. Aus diesem Grund haben die Welt-Gesundheitsorganisation, Unicef und andere Organisationen wie zum Beispiel La Lèche League den 1. August zum Welt-Stilltag ausgerufen. Die Informationen, die diese Institutionen gesammelt haben, sind beeindruckend. Für Flaschenernährung braucht man Kühe, und die fressen Gras. Für Weideland muß der Regenwald gerodet und als Agrarland genutzt werden. Das führt dazu, daß die Erosion zunimmt, Mistüberschuß entsteht und der Treibhauseffekt verstärkt wird.

Außerdem werden Frauen, die „zur Flasche greifen", schneller wieder schwanger, während das Stillen die Menstruation hemmt. Stillen ist also ein kostenloses Verhütungsmittel. Für Frauen im reichen

Westen zählt letzteres kaum. Sie sind normalerweise in der Lage, die Zahl ihrer Kinder selbst zu bestimmen. Für sie zählen andere Argumente, wie zum Beispiel der Körperkontakt zwischen Mutter und Kind und die zusätzlichen Kosten für Flaschenernährung.

Flaschenernährung muß vorbereitet und verpackt werden und sogar transportiert. Muttermilch ist dekorativ verpackt, fix und fertig, immer zur Stelle, hat die richtige Zusammensetzung und Temperatur – lauter Vorteile. Für Frauen, die aus welchem Grunde auch immer nicht stillen können, ist Kuhmilch eine gute Alternative. Frauen, die keine Probleme mit dem Stillen haben, sollten sich gut überlegen, ob sie nicht lieber die Milchkuh ihres Kindes als die der Industrie sein wollen.

Geld und Wasser

Ein Geizhals hat oft Geld wie Heu. Warum soll er dann noch Wasser sparen, wenn Wasser so billig ist? Vielleicht wird eine Zeit kommen, in der es so aufwendig geworden ist, Trinkwasser aufzubereiten, daß extrem hohe Preise dafür gezahlt werden müssen. In manchen Ländern, zum Beispiel in Kuwait, ist Wasser teurer als Benzin. Auch wenn wir zur Zeit noch nicht sehr viel Geld durch bewußten Umgang mit Wasser sparen können, gewinnen wir doch Befriedigung. Man stellt fest, daß man mit einem Bruchteil des Wassers, das man früher benutzte, noch das gleiche angenehme Leben haben kann.

Die meisten von uns wissen bereits, daß es pure Verschwendung ist, den Wasserhahn während des Händewaschens oder Zähneputzens laufen zu lassen. Der echte Geizhals geht noch weiter. Für das Wegspülen des „kleinen Geschäfts" verbraucht er nicht mehr als einen Liter Wasser. Pro Person und Jahr kommt man dann schnell auf rund 1.500 Liter Wasser.

Aber es gilt noch mehr Gewinn zu erzielen. Was halten Sie davon, Wasser, das Sie einmal benutzt haben, aufzufangen, um es noch einmal zu verwenden, zum Beispiel zum Geschirrspülen oder um die Toilette zu spülen?

Außerdem können Sie ganz einfach das kalte Wasser, das am Anfang aus der Dusche strömt, in einem Eimer auffangen. Sie können
damit die Blumen gießen oder die Treppe schrubben.

Mit etwas Planung und einer Küchenuhr können Sie das Wasch-
wasser aus dem 60 Grad-Waschgang in Eimern auffangen.

Schnell einen Deckel drauf, dann können Sie es noch für den 30
oder 40 Grad-Waschgang benutzen. So sparen Sie Wasser, Energie
und Waschpulver, denn davon ist auch noch genug in der Lauge, die
Sie aufgefangen haben.

Zu Hause Geld verdienen

Frauen, die außer Haus arbeiten, verdienen leider noch immer weniger als Männer – im Durchschnitt 30 %. Die Arbeit ist aber oft erforderlich, weil die Familie das Geld braucht. Doch lohnt es sich, einmal
zu prüfen, was die Arbeit außer Haus pro Stunde bringt und was wir
verdienen würden, wenn wir zu Hause blieben oder kürzer arbeiteten.

Vielleicht können Sie sich dann für eine Teilzeitstelle entscheiden, sofern Sie eine finden können.

Zum Beispiel: Sie versetzen den Kragen und die Manschetten am Oberhemd Ihres Mannes. Das dauert etwa eine Stunde. Ein Hemd, das DM 70,– gekostet hat, kann dadurch zwei Jahre länger getragen werden. Die Lebensdauer verlängert sich von drei auf fünf Jahre. Sie verdienen also zwei Jahre „gratis" Tragen eines Oberhemdes à DM 14,– pro Jahr (denn das Hemd muß innerhalb von fünf Jahren abgeschrieben werden), also DM 28,–. Das ist Ihr Stundenlohn. Ein anderes Beispiel. Sie tragen gerne Schwarz. Eine Hose, zwei T-Shirts und zwei Blusen sind nach zwei Jahren ergraut. Die Neuanschaffung würde DM 200,– kosten. Auch diese Kleidung können Sie, wenn Sie sie färben, wieder zwei Jahre lang tragen. Die Kosten fürs Färben betragen etwa DM 20,–, incl. Waschpulver und Abnutzung der Waschmaschine. Eine Stunde lang sind Sie damit beschäftigt. Jetzt beträgt Ihr Stundenlohn sogar DM 110,–, und er wird nicht versteuert. Auch Männer sind für solche Tätigkeiten geeignet und können damit erstaunlich viel Geld verdienen. Machen Sie sich einmal die Mühe, auszurechnen, was Sie pro Stunde verdienen, wenn Sie die Zeitung mit dem Nachbarn zusammen lesen.

Sie sind jung, und das Leben liegt vor Ihnen

Wenn man jung ist, erwartet man viel vom Leben, und gerade dann hat man wenig Geld. Man studiert und muß von wenig Bafög leben oder dem Zuschuß der Eltern. Oder man hat gerade angefangen zu arbeiten und wird noch nach der niedrigsten Gehaltsstufe bezahlt. Dann ist man schnell versucht, am Essen zu sparen. Es kostet Zeit, und außerdem macht es keinen Spaß, alleine zu kochen und zu essen. Eine gute Alternative ist die Mensa, wo man preiswert essen kann. Abwechselnd in einer festen Gruppe zu kochen, kann auch inspirierend sein. Man kann dann darum wetteifern, wer am preiswertesten und doch schmackhaft kochen kann. Eintöpfe, Aufläufe und Hülsenfrüchte sind einfach zuzubereiten, preiswert und soooo gesund. Zu Bohnen und Eintöpfen ißt man eine dicke Scheibe Schwarzbrot mit Käse oder Toast.

Kleidung, die „in" ist, und Hausrat kann man auf Trödelmärkten finden, wo die Preise noch niedriger sind als in Second hand-Boutiquen. Man bekommt dort auch Schuhe – und natürlich auch im Schlußverkauf. Den Schuhen verpaßt man eigenhändig die gewünschte Farbe.

Bücher kann man mit hübschen Folien selbst einbinden, und extra Geld verdient man mit Babysitten, oder zur Not als Putzfrau oder -mann bei den Eltern.

Lassen Sie sich niemals von einer Bank dazu verleiten, einen Kredit aufzunehmen. Die Bank sieht es gerne, wenn Sie im „Minus" stehen, denn der große Nutznießer ist die Bank. Die Zinsen sind erschreckend hoch. Ein bißchen Armut ist nicht so schlimm – das fördert die Kreativität. Und was Hänschen nicht lernt, lernt Hans nimmermehr.

Das „Preis-Buch"

Bewußtes Konsumieren ist nicht einfach. Bei Verbraucherverbänden kann man sich bei größeren und teureren Anschaffungen beraten lassen. Aber auch beim täglichen Einkauf kann man viel Gewinn erzielen. Dafür legen wir eine Preisliste an und führen selbst Preisvergleiche durch.

Nehmen Sie einen alten Ordner mit alphabetischem Register und einen Stapel Altpapier. Ein altes Telefonbuch tut's aber statt dessen auch. Dann brauchen Sie noch eine Heftmaschine oder Leim sowie eine Schere, und los geht's. Von allem, was Sie einkaufen, werden Marke und Preis alphabetisch eingeheftet oder -geklebt. Beim Telefonbuch suchen Sie einfach den Anfangsbuchstaben des Produkts: Reis gehört zu Frau Reisbrett und Erdbeeren gehören zu Herrn Erdmann. Ganz einfach. Dann wird noch der Name des Geschäfts notiert. Auch bei Pfandverpackungen ist dieses System praktisch, dann können Sie nachsehen, wo Sie etwas gekauft haben. Dazu kommen die Mengen und eventuell Anmerkungen zur Qualität. Einige Monate lang versuchen Sie, in möglichst vielen verschiedenen Geschäften in Ihrer Gegend einzukaufen, um vergleichen zu können.

Nach einiger Zeit werden Sie folgendes feststellen. Erstens, daß die gleichen Markenwaren im einen Geschäft teurer sind als im anderen. Zweitens, daß ein preiswerteres Produkt oder eine Hausmarke wahrscheinlich ebenso gut ist wie die Markenware. Anhand Ihrer Preisliste wissen Sie nach einiger Zeit genau, wo es Sonderangebote gibt, größere Verpackungen und die beste Qualität. Dadurch können Sie bei den täglichen Einkäufen 10 bis 25 % sparen … Herzlichen Glückwunsch.

Eine Auswahl aus „unseren" Schlagzeilen:

„Überzeugte Geizhälse predigen gegen Überfluß"
Haagsche Courant, 7.7.1992

„Geizhälse sehen es als Sport"
De Telegraaf, 18.7.1992

„Der moderne Geizhals schont Geld, Gut und Umwelt"
Posthoorn, 30.7.1992

„Geizhälse duschen kalt und werden trotzdem nicht reich"
De Volkskrant, 5.10.1992

„Der Geizhals kommt aus seinem Versteck"
Provincialse Zeeuwse Courant, 31.10.1992

„Weg mit luxuriösem Schnickschnack"
De Gelderlander, 31.10.1992

„Die geizigsten Leute der Niederlande"
Panorama, 31.12.1992

„Schlichtheit als Zeichen kultureller Eleganz"
Tijdschrift voor landbouw- en milieuwetenschappen, 24.12.1992

„Konsumieren oder Konsum verweigern?"
Intermagazine, Februar 1993

„Die Moral der neuen Sparsamkeit"
NRC Handelsblad, 23.2.1993

„Der moderne Geiz ist freigebig"
Eindhovens Dagblad, 6.4.1994

„Sparsamkeit ist noch immer ein Tabu!"
TV-magazine, 19.2.1994

„Europas knauserigstes Ehepaar: Geiz macht erfinderisch"
Münchener Abendzeitung, 8.11.1994

„Das geizigste Ehepaar der Welt"
Express, 9.11.1994

„Ist ‚Nouveau Cheap' ein trend?"
Tijdschrift voor Marketing, November 1994

„Bisher waren es die Schotten. Jetzt kommt Konkurrenz aus Holland"
Neue Revue, 9.12.1994

„Ein Holländisches Ehepaar ist leidenschaftlich geizig"
Bild der Frau, 2.1.1995

„Geizhälse wollen die Welt verbessern"
Neue Ruhr Zeitung, 16.1.1995

„Niemals bleibt ein Zuckertütchen liegen"
Berliner Zeitung, 16.1.1995

„Dutch couple promoting frugal lifestyle"
The Sunday Times of India, 22.1.1995

„Mehr tun mit weniger"
Natuur en Milieu, März 1995

Stiftung Sparsamkeit mit Stil

Die Stiftung Sparsamkeit mit Stil strebt nach einer möglichst positiven Haltung gegenüber Menschen, die sich aus freien Stücken für einen einfachen und nüchternen Lebensstil entscheiden, indem sie Ideen, Wissen und Erfahrung auf dem Gebiet der Sparsamkeit möglichst breit propagiert.

Auf der Basis des in diesem Buch beschriebenen Stufenplans geben die Autoren regelmäßig eintägige Kurse in den Niederlanden und im benachbarten Ausland. Außerdem halten sie Vorträge über die Aktivitäten der Stiftung.

Für Informationen über Kurse und Vorträge wenden Sie sich bitte an die

Stichting Zuinigheid met Stijl,
Buys Ballotstraat 27-B,
2563 ZH Den Haag,
Niederlande,
Tel.-Nr. 0031-70-3616826.

Bisher erschienen zwei Bücher der Autoren, die im Buchhandel erhältlich sind:

Geld oder Leben, Hanneke van Veen und Rob van Eeden, mvg-verlag, 1997, ISBN 3-478-08558-6.
Ein Muß für jeden, der sich dem Konsumzwang entziehen und seine Lebensqualität drastisch erhöhen möchte.

Knausern Sie sich reich!, Hanneke van Veen und Rob van Eeden, mvg-verlag, 1996, ISBN 3-478-08531-4.
Über das Wie und Warum eines einfachen Lebensstils, mit Strategien und witzigen Tips, und die Folgen für Ihr persönliches Leben, die Umwelt und die Dritte Welt.